AF461036

SYSTÈME

de la

Philosophie Juridique synthétique

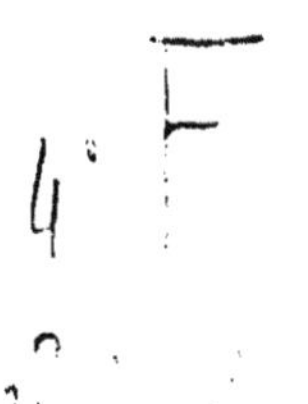

SYSTÈME
de la
Philosophie Juridique synthétique

(Cours libre fait à la Faculté de droit de Paris en 1917-1918)

PAR

Thomas GIVANOVITCH

PROFESSEUR DE DROIT A L'UNIVERSITÉ DE BELGRADE
MEMBRE DE L'ACADÉMIE ROYALE SERBE DES SCIENCES ET DES ARTS

I

Science de la Philosophie Juridique synthétique

PARIS
LIBRAIRIE ARTHUR ROUSSEAU
ROUSSEAU & Cie, Editeurs
14, RUE SOUFFLOT, ET RUE TOULLIER, 13 (Ve)

1927

DU MÊME AUTEUR

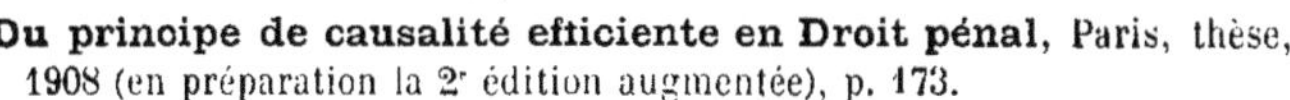

Du principe de causalité efficiente en Droit pénal, Paris, thèse, 1908 (en préparation la 2e édition augmentée), p. 173.

De l'élément subjectif (« moral ») dans la notion du délit, dans la *Schweizerische Zeitschrift für Strafrecht* (Revue pénale suisse), 1909, vol. 22, p. 9.

De la notion du délit, dans la même revue, 1910, vol. 23, p. 23.

De la notion du délinquant, dans la même revue, 1911, vol. 24, p. 6.

De la notion de la peine, dans la même revue, 1914, vol. 27, p. 9.

Ueber den Begriff der sichernden Massnahme im Strafrecht, dans la *Monatsschrift für Kriminalpsychologie und Strafrechtsreform,* 1913, vol. 10, p. 7.

Ursachenbegriff im Strafrecht (Unterscheidung der Bedingungen nach der Art ihrer Erfolge und nach der Zeit ihrer Entstehung), dans la *Zeitschrift f. d. ges. Strafrechtswissenschaft,* 1910, vol. 30, p. 11.

Prinzipien der legislativen Regelung der Grundprobleme der Berufsgeheimnisverletzung, dans la *Golldammer's Archiv für Strafrecht und Strafprozess,* 1910, vol. 57, p. 8.

Ueber den Begriff der Beleidigung, dans la même revue, 1914, vol. 61, p. 7.

Sulle nozioni fondamentali del Diritto criminale nella letteratura criminale giuridica italiana (avec : **Enrico Ferri Nota all' articolo del prof. Givanovitch**), dans la *Scuola positiva,* 1916, vol. 26, p. 41.

Sur les notions fondamentales du Droit criminel dans la littérature criminelle juridique française, dans la *Revue pénitentiaire et de Droit pénal,* 1916, vol. 40, p. 36.

Le système tripartite du Droit criminel, ses répercussions dans la littérature et dans la législation et son application dans le droit délictuel en général et dans la morale délictuelle, dans la *Revue internationale de Droit pénal,* 1926, vol. 3, p. 20.

L'état du droit et de la science juridique serbes et le travail législatif dans le Royaume des Serbes, Croates et Slovènes, dans le *Bulletin de la Société de Législation comparée*, 1925, vol. 54, p. 17.

Die Konstruktion einer neuen rechtsphilosophischen Richtung. Richtung der zweiartigen synthetischen Rechtsphilosophie, dans l'*Archiv für Rechts- und Wirtschaftsphilosophie,* 1926, vol. 19, p. 10.

La mesure de sûreté doit-elle se substituer à la peine ou simplement la compléter? Rapport préparatoire présenté au 1er Congrès de l'Association internationale de Droit pénal à Bruxelles en 1926, dans la *Revue internationale de Droit pénal,* 1926, vol. 3, p. 14.

Die systematische Einordnung der phylosophischen Lehren und die Konstruktion der zweiartigen synthetischen Phylosophie, dans l'*Archiv für systematische Philosophie und Sociologie,* 1927, p. 11.

La situation du désistement volontaire dans le système du Droit criminel, dans la *Revue internationale de Droit pénal,* 1927, p. 24.

Eine neue Einteilung des Rechts (und der Rechtswissenschaften) anstatt der traditionellen römischen, dans l'*Archiv für Rechts- und Wirtschaftsphilosophie,* 1927, vol. 20, p. 3.

B (EN SERBE)

Traité du Droit criminel, *partie générale*, 2e édit. revue et augmentée, 1922, p. 380.

Traité du Droit criminel, *partie spéciale*, vol. I, p. 332 (délits contre les biens privés), vol. II, p. 480 (délits contre les biens généraux), 2e édit. revue et augmentée, 1923.

Problèmes fondamentaux du Droit criminel (le délit, le délinquant, la peine), 1910, p. 64.

Traité du Droit criminel militaire, *partie générale*, 1924, p. 194.

Les contraventions, 2e édit. revue et augmentée, 1926, p. 167.

L'injure et la diffamation, 2e édit. revue et augmentée, 1927, p. 125.

Code pénal serbe et Code de procédure pénale serbe, avec une brève explication (en tenant compte des arrêts de la Cour de cassation), 4e édit. revue et complétée, 1925.

Droit administratif du Royaume des Serbes, Croates et Slovènes, dans l'*Encyclopédie Nationale*, 1925.

Système de la Philosophie Juridique synthétique, vol. I, 1921, p. 99.

C (A PARAITRE EN 1928)

Précis de Droit criminel (basé sur le système tripartite), Paris.

PRÉFACE

Le système de notre philosophie juridique synthétique représente vis-à-vis de la littérature philosophico-juridique parue jusqu'à présent, lorsqu'on le prend en considération comme un tout, une double innovation : 1° on y trouve, distinguées pour la première fois, *deux* espèces de philosophie juridique, la philosophie du droit ou des institutions juridiques et la philosophie des sciences juridiques, par suite deux systèmes philosophico-juridiques, le système de la philosophie du droit et le système de la philosophie des sciences juridiques ; 2° ces deux espèces de la philosophie juridique sont conçues comme philosophies *synthétiques*.

Pendant son cours libre de théorie générale du droit qu'il eût l'honneur de faire à la Faculté de droit de Paris en 1917-1918, l'auteur avait d'abord commencé à élaborer la philosophie du droit dans l'esprit de la littérature philosophico-juridique existante. S'étant aperçu au cours de ce travail qu'à côté de la philosophie du droit il doit exister aussi une philosophie des sciences juridiques, il a entrepris d'élaborer également celle-ci. Au cours de ce travail il s'est rendu compte qu'il doit exister aussi une science spéciale pour chacune de ces deux philosophies. Puis de même ce travail l'a amené à s'apercevoir que sous ce rapport les sciences suivantes doivent exister : 1° la science du *genre commun* de la philosophie du droit et de la philosophie des sciences juridiques, à savoir la science de la philosophie juridique synthétique qui constituera, en tant que science synthétique, une branche de la philosophie *spéciale* des sciences juridiques ; 2° la science de la philosophie du droit (1) et la science de la philosophie des sciences juridiques (2). Puisque ces sciences apparaissent comme les prolégomènes de la philosophie du droit et des sciences juridiques, c'est par elles que doit commencer cet ouvrage. C'est pour cela que le premier livre de cet ouvrage est consacré à la science de la philosophie juridique synthétique, tandis que le deuxième sera consacré à la science de la philosophie du droit et à la science de la philosophie des sciences juridiques.

Les livres suivants seront destinés à la philosophie du droit et à la philosophie des sciences juridiques elles-mêmes. Comme celles-ci ont deux parties, l'une *générale* et l'autre *spéciale*, cet exposé devra naturellement commencer par la première. Cette partie générale doit comprendre deux livres : 1° la philosophie générale du droit ou simplement la philosophie du droit et 2° la philosophie générale des sciences juridiques ou simplement la philosophie des sciences juridiques. La partie spéciale comprendra probablement six livres, conformément à notre nouvelle classification du droit (1).

Le terme de *philosophie juridique synthétique* que nous avons choisi pour titre de l'ouvrage entier désigne, d'après ce qui a été dit plus haut, non pas une seule science, mais l'ensemble des deux sciences, de la philosophie du droit et de la philosophie des sciences juridiques, dans leur partie générale comme dans leur partie spéciale. Il y est donc pris dans le sens encyclopédique, tandis que dans le titre de ce premier livre, il doit désigner le *genre* des deux philisophies ci-dessus mentionnées (v. § 3, V, 2 et § 9, VII).

Ce livre a paru en serbe, à Belgrade, en 1921. L'essentiel en a été publié depuis sous la forme de deux articles, le premier sous le titre « *Die Konstruktion einer neuen rechtsphilosophischen Richtung. Richtung der zweiartigen synthetischen Rechtsphilosophie* » dans l'*Archiv für Rechts-und Wirtschaftsphilosophie*, Band XIX, 1926, Heft II, et l'autre sous le titre « *Die systematische Einordnung der philosophischen Lehren und die Konstruktion der zweiartigen synthetischen Philosophie* » dans l'*Archir für systematische Philosophie und Sociologie*, 1927.

(1) V. notre article Eine neue Einteilung des Rechts (und der Rechtswissenschaften) anstatt der traditionellen, römischen, dans l'Archiv für Rechts-und Wirtschaftsphilosophie, 1927. — V. pour l'exposé sommaire de cette classification du droit (et de la morale) notre article *Le système tripartite du Droit criminel*, dans la Revue internationale de Droit pénal, 1926, p. 85.

SECTION I

INTRODUCTION

Notion de la philosophie synthétique (bispécifique) (1) et ses deux espèces : Philosophie des objets des sciences et philosophie des sciences

---

§ 1. — Nécessité de la synthèse ou unification du savoir scientifique spécial et son double objet.

I. — 1. Chaque science apparaît comme un *système* de notions déterminées, lorsqu'on l'envisage comme le *résultat définitif* de l'activité scientifique. C'est la notion *statique* de la science. Et lorsqu'on envisage la science en tant qu'*activité* déterminée, elle apparaît comme la classification (*coordination et subordination*) des *notions* formées par elle des *phénomènes déterminés*. C'est la notion *dynamique* de la science (v. § 3, IV *b*) (2). La forme de *notions* (à tous les degrés possibles) élaborées au moyen de la généralisation, et le caractère *systématique* du groupement des notions construites sont donc deux caractéristiques essentielles du savoir scientifique.

2. Les notions qui sont les genres prochains communs des notions inférieures d'une science constituent la base du système de cette science. Ce sont ses notions *fondamentales*. Le parfait arrangement systématique exige que l'exposé de ces notions se fasse à part sous la forme de partie *générale* de la science en question.

II. — Le savoir acquis par une science spéciale serait le seul savoir scientifique possible relativement à ses objets, si entre les objets de telles ou telles autres sciences spéciales il n'existait aucune communauté dans leur essence, c'est-à-dire aucune relation conceptionnelle. Le fait qu'on a construit plusieurs philosophies spéciales, puis une philosophie générale nous fait cependant voir qu'il n'en est

---

(1) Scil. à deux espèces (v. § 3, V).

(2) La notion de la science, spécialement de la science juridique, sera le sujet de la philosophie synthétique des sciences juridiques. Il n'en est donné ici que ce qui est indispensable par rapport au sujet de ce paragraphe.

pas ainsi. Les notions fondamentales de certains groupes des sciences spéciales renferment certains éléments constitutifs communs, sont donc réductibles à des notions plus générales. Cela revient à dire que les savoirs acquis par les sciences spéciales ne représentent pas les seules connaissances scientifiques possibles relativement aux objets de ces sciences, et que par suite la généralisation qui a abouti à la construction de leurs notions fondamentales doit être continuée jusqu'à ce qu'on ait construit les plus hautes (« dernières » ou « premières ») notions coordonnées, notions scientifiques *fondamentales*. A côté de celles-ci il y aura, aussi comme résultat de la généralisation, des notions moins générales qu'elles, mais plus générales que les notions fondamentales des sciences spéciales, notions *intermédiaires* entre les notions scientifiques fondamentales et les notions fondamentales des sciences spéciales. Ce n'est qu'alors qu'on pourra dire que l'activité scientifique est épuisée, que tout le savoir scientifique possible est acquis. Notre savoir scientifique entier dont il s'agit ici apparaîtra alors comme divisé en trois cercles de systèmes scientifiques, hiérarchiquement ordonnés suivant le degré conceptionnel de leurs notions :

1. Il y aura d'abord des systèmes scientifiques *spéciaux*, c'est-à-dire des sciences *spéciales*.

2. Puis il y aura des systèmes scientifiques *supérieurs*. Ils représenteront les synthèses des savoirs similaires acquis par tel ou tel autre groupe des sciences spéciales. Et on peut dire *a priori* que les systèmes supérieurs se diviseront en plusieurs cercles de systèmes supérieurs, se trouvant dans le rapport de coordination et de subordination les uns envers les autres. Il y aura donc plusieurs degrés conceptionnels des systèmes scientifiques intermédiaires.

3. Enfin il y aura un système scientifique *suprême*. Il représentera la synthèse des systèmes scientifiques supérieurs (v. 2), et par suite la synthèse la plus haute, la synthèse ultime, des savoirs scientifiques acquis par les sciences spéciales. Il sera donc le système des notions scientifiques *fondamentales*.

III. — Le système scientifique suprême et les systèmes scientifiques supérieurs en question apparaissent par rapport aux sciences spéciales comme des sciences *synthétiques*. Il est vrai que les sciences spéciales apparaissent elles aussi comme des sciences de caractère *synthétique*, lorsqu'on envisage leurs notions plus générales, surtout leurs notions fondamentales. Mais, à la différence des premières, elles ne sont pas des systèmes scientifiques synthétisant les savoirs scientifiques renfermés dans *d'autres* sciences *indépendantes*. Leur caractère synthétique est donc implicitement renfermé dans leur notion, et on n'a par suite aucun besoin de le faire ressortir. Au contraire, pour ce qui est du système scientifique suprême et des systèmes scientifiques supérieurs, il est *a priori* possible de parler d'un arrangement systématique *pur et simple* des savoirs acquis par les sciences spéciales, c'est-à-dire sans les soumettre eux aussi à la généralisation. C'est pourquoi il est nécessaire pour éviter la confusion sur le caractère des systèmes en question de faire ressortir leur qualité *synthétique*. On peut aussi exprimer cette qualité en désignant ces systèmes comme des systèmes *d'unification* des savoirs scientifiques conceptionnellement inférieurs, terme qui est également souvent employé.

IV. — Il y a cependant encore une *autre espèce* de savoir scientifique spécial (v. § 5, II) qu'il faut synthétiser, unifier. Ce sont les savoirs scientifiques portant sur les *sciences* spéciales et synthétiques considérées en *elles-mêmes*, c'est-à-dire en tant que *sciences* d'une espèce déterminée, par exemple sur la botanique, la zoologie, la philosophie morale, la philosophie du droit, considérées en tant que sciences. Le fait que la logique (avec la méthodologie) et la théorie de la connaissance sont construites, nous fait déjà voir que les théories des différentes sciences spéciales et synthétiques considérées en tant que sciences ne représentent par le seul savoir scientifique possible relativement à ces sciences, et que par conséquent, à côté des systèmes scientifiques synthétiques du savoir acquis par les sciences spéciales, on doit procéder également à la construction d'un système supérieur et éventuellement aussi de plusieurs systèmes subordonnés supérieurs, c'est-à-dire systèmes intermédiaires du savoir acquis par les différentes théories (ou sciences) des sciences spéciales et synthétiques.

Lorsqu'on aura opéré cette deuxième espèce de synthèse ou unification scientifique, notre savoir scientifique des sciences apparaîtra comme divisé lui aussi en trois cercles de systèmes scientifiques, hiérarchiquement ordonnés suivant le degré conceptionnel de leurs notions.

1. Il y aura d'abord les sciences des sciences spéciales aussi bien que synthétiques (v. II).

2. Puis il y aura les sciences *supérieures* des sciences. Elles représenteront les synthèses de tel ou tel groupe des sciences similaires inférieures des sciences, c'est-à-dire du savoir scientifique renfermé dans ces dernières.

3. Enfin il y aura une science *suprême* des sciences. Elle représentera la synthèse suprême des sciences, c'est-à-dire du savoir scientifique renfermé en celles-ci. Elle doit être qualifiée expressément, ainsi que les précédentes (2), du terme de *synthétique* (v. III)

V. — Comme nous l'avons remarqué, il y a déjà des disciplines qui doivent représenter les deux espèces de synthèses scientifiques ci-dessus mentionnées. Ce sont d'un côté la métaphysique ou, comme on l'appelle aussi, la philosophie générale ou première, et les différentes philosophies spéciales et de l'autre la logique (avec la méthodologie) et la théorie de la connaissance. Dans le paragraphe suivant on s'occupera de leurs conceptions existantes par rapport à la synthèse ou unification du savoir scientifique. Dans le paragraphe qui suivra celui-là on démontrera la nécessité de considérer les deux espèces ci-dessus mentionnées de la synthèse ou unification du savoir scientifique comme des disciplines indépendantes l'une de l'autre, contrairement à la confusion faite depuis toujours de ces disciplines sous le nom unique de philosophie, générale et spéciale.

§ 2. — Conceptions existantes de la philosophie considérées par rapport à la synthèse ou unification du savoir scientifique et au double objet de cette synthèse.

LITTÉRATURE. — Auguste COMTE, *Cours de philosophie positive*, tome 1, Paris, 1830 ; H. SPENCER, *Les premiers principes*, 8e éd., Paris, 1897 ; Thomas MASSARYK, *Versuch einer konkreten Logik (Klassification und Organisation der Wissenschaften)*, Wien, 1887 ; P. JANET, *Traité élémentaire de philosophie*, Paris ; WUNDT, *System der Philosophie*, 2e éd., Leipzig, 1897 (3e éd., 1907 ; 4e éd., 2 vol., 1919) ; O. KULPE, *Einleitung in die Philosophie*, 6e éd., Leipzig, 1913 (7e éd., 1915) ; PETRONIÉVITCH, *L'histoire de la philosophie nouvelle*, 2e éd., Belgrade, 1922 (en serbe) ; C. TRIVERO, *Classificazione delle scienze*, Milano, 1899 ; E. DE ROBERTY, *La recherche de l'unité*, Paris, 1893 ; OSTWALD, *Esquisse d'une philosophie des sciences*, Paris, 1911 (trad.) ; F. V. LISZT, Z. f. d. g., *Strafrechtswissenschaft*, vol. 6, p. 663 et suiv. ; KORKOUNOV, *Cours de Théorie générale du droit*, Paris, 2e éd., 1914 (traduction, édition russe, Pétrograde, 1886, 9e éd., 1909) ; FLINT, *Philosophy as scientia scientiarum and history of classification of the sciences*, London, 1904 ;

GUTHRIE, *On Spencer's unification of Knowledge*, London, 1882 ; E. Naville, *La définition de la philosophie*, 1894.

I. — 1. D'après la terminologie grecque le mot de philosophie signifiait le désir de connaître. Entre autres philosophes, *Socrate* lui attribuait ce sens. En outre ce terme désignait aussi la *science* en général, c'est-à-dire l'ensemble du savoir scientifique. Ainsi *Aristote* l'emploie dans ce sens. C'est seulement le terme de philosophie « *première* » qui désigne d'après lui une discipline philosophique, la métaphysique (1).

2. Au cours des siècles suivants les différents groupes de connaissances scientifiques qui faisaient partie intégrante de l'ancienne « philosophie », se sont tellement élargis et approfondis qu'ils ont fini peu à peu par devenir des sciences indépendantes, détachées de la philosophie, et que par suite le domaine de la philosophie s'est restreint. Ainsi par exemple la mathématique. l'astronomie, la physique et la « politique » ont acquis très vite leur autonomie. La psychologie et les différentes branches de l'éthique, comme la philosophie morale et la philosophie du droit sont devenues elles aussi des sciences autonomes, quoique plus tard que les précédentes. Et on remarque fréquemment avec raison que le processus de séparation auquel la phisolophie est soumise ne pourra jamais être considéré comme achevé (2).

3. Le terme de philosophie est devenu moins extensif, mais l'on n'a jamais été et l'on n'est pas encore d'accord sur les objets de la philosophie (3). En outre on considère encore aujourd'hui comme ses parties intégrantes certaines disciplines qui sont loin de renfermer des connaissances du plus haut degré de généralité, *sans les distinguer* donc au point de vue du degré de généralité conceptionnelle de certaines autres disciplines possédant le caractère de plus haute généralité. Tel est le cas par exemple avec la psychologie, la philosophie morale et la philosophie du droit, l'esthétique, disciplines qui sont, il est vrai, d'après la conception dominante, des sciences indépendantes. On les considère souvent comme partie intégrante de la philosophie en même temps que la logique et la métaphysique, bien que les notions formant leur contenu ne pos-

---

(1) Comp. MASSARYK, *op. cit.*, p. 254 ; KULPE, *op. cit.*, p. 21 et suiv.

(2) V. KULPE, *op. cit.*, p. 351 et suiv.

(3) V. MASSARYK, *op. cit.*, p. 249 et suiv. pour la confusion qui règne encore sur la notion de la philosophie.

sèdent pas le caractère de généralité suprême comme les notions de ces deux dernières disciplines (1).

4. Les seules disciplines existantes qui renferment les connaissances du plus haut degré de généralité sont la *métaphysique* (« science des premiers principes », philosophie « première », prima philosophia (2)), la *théorie de la connaissance* qui est considérée par quelques philosophes comme une partie de la métaphysique (3) et la *logique* (avec la méthodologie). Ce sont par suite les seules disciplines philosophiques générales, c'est-à-dire disciplines qui apparaissent comme parties intégrantes d'une science suprême générale. C'est cependant seulement depuis peu de temps que l'on est arrivé à la conscience de la nécessité de séparer ces disciplines ou du moins certaines d'entre elles (v. 6) du cercle des disciplines embrassées sous le nom général de philosophie et de réserver pour elles le nom de « philosophie générale ». A cette philosophie on oppose la « philosophie *spéciale* » embrassant telles ou telles disciplines inférieures, selon la conception de tel ou tel philosophe (v. ci-dessous, II, 4 *b* pour *Spencer*).

5. On a donc l'habitude de considérer la métaphysique, la théorie de la connaissance et la logique (avec la méthodologie) comme parties intégrantes d'une seule et même discipline, appelée *philosophie générale*. Comme on le verra cependant dans le paragraphe suivant, cette habitude repose sur une erreur conceptionnelle. Les objets de la métaphysique d'un côté, et les objets de la théorie de la connaissance et de la logique de l'autre, sont qualitativement différents les uns des autres, c'est-à-dire au point de vue conceptionnel générique, et par suite ne peuvent pas logiquement être considérés comme objets d'une *seule et même science* appelée philosophie générale.

a) Pour cette raison il est impossible d'embrasser ces trois disciplines en une définition commune (4). On s'en est quelquefois rendu

(1) Ainsi par exemple : JANET, *op. cit.*, p. 9.

(2) V. sur le mot de métaphysique et le terme équivalent, mais rarement employé (par HEGEL par exemple) de dialectique, KULPE, *op. cit.*, § 4, p. 1.

(3) V. KULPE, *op. cit.*, § 4, p. 2.

(4) KULPE (*op. cit.*, p. 352) essaie de le démontrer d'une autre façon. Le genus proximum de la philosophie conçue comme une science devrait être, dit-il, *notion de science*. Mais il n'existe pas suivant lui pour la différencier des autres sciences une *differentia specifica*, parce que ses objets ne sont pas du tout spécifiquement différents des objets des autres sciences et parce qu'en outre la forme et la méthode de ses recherches ne sont pas non plus différentes de la forme et de la méthode des recherches des autres sciences. Cette argumentation repose sur le faux postulat que les disciplines philosophiques n'ont pas leur propre objet (v. § 3, VI).

compte, et l'on a essayé alors de donner de la philosophie une définition « divisive », c'est-à-dire d'exprimer le contenu de la philosophie ainsi conçue par l'énumération de ses matières. Ainsi *Külpe* dit pour définir la philosophie de cette façon que ce qui a dans tous les temps constitué les matières de la philosophie, ce sont la métaphysique se proposant la formation de la conception du monde (Weltanschauung), la doctrine des sciences se proposant la recherche des présuppositions de toutes les sciences et comprenant par suite la théorie de la connaissance et la logique, et enfin une troisième discipline sans nom se proposant la préparation de nouvelles sciences spéciales et de nouvelles connaissances scientifiques spéciales. Cette énumération peut être exacte, mais une définition « divisive » n'est pas susceptible de reconstituer l'unité et par suite ne sert à rien.

b) Certains auteurs, tout en reconnaissant l'hétérogénéité conceptionnelle des matières qu'ils attribuent à la philosophie, ont essayé de les rattacher conceptionnellement les unes aux autres en vertu de l'indentité du *but* de toutes les disciplines composant suivant eux la philosophie. La philosophie a eu toujours, dit *Wundt* en ce sens, pour but de synthétiser nos connaissances spéciales en une conception du monde et de la vie qui satisfasse les exigences de notre raison et les besoins de notre esprit (1). Ceci est exact (v. II). Mais l'unité du but ne peut pas faire de plusieurs disciplines hétérogènes une seule, homogène. Et du reste la philosophie n'est pas la seule qui ait pour but la synthèse. Le même but est poursuivi, comme le remarque *Wundt* lui-même, par toutes les sciences de même que par la religion.

La même objection s'applique aussi à un autre essai d'union des disciplines philosophiques de même genre. Ce qui est commun, dit *Windelband*, à toutes les doctrines philosophiques, c'est que toujours on a considéré comme telles les doctrines qui répondent aux questions les plus brûlantes de l'époque et de l'âme humaine (2). Ceci est exact. Mais cette caractéristique est de même que la précédente étrangère à l'essence des matières elles-mêmes des disciplines philosophiques. En outre elle n'appartient pas exclusivement aux doctrines philosophiques.

Certains de ces auteurs, comme par exemple *Wundt*, ont essayé en

---

(1) *Op. cit.*, p. 1, 3e éd., vol. 1, p. 1.

(2) Was ist Philosophie, dans les Präludien, vol. 1, p. 11 et suiv. De même, RADBRUCH, Grundzüge der Rechtsphilosophie (1914), p. 1.

conséquence d'embrasser en une seule définition les trois disciplines en question en les considérant comme des parties d'une *seule* et *même science*, de la philosophie générale. Ils définissent la philosophie générale ainsi conçue « science générale » ou « théorie générale des sciences ». Comme on le verra cependant dans le § 3, il y a en réalité deux sciences ou théories ou philosophies générales qu'il faut distinguer.

6. Suivant quelques-uns, la philosophie générale c'est seulement la *métaphysique* ou « philosophie première », définie « *science des premiers principes* » ou « système général des conceptions humaines ». C'est l'acception que déjà *Aristote* avait donnée au mot de philosophie première, et qui a été adoptée entr'autres par *Descartes* et *Bacon* (1). *Spencer* aussi s'est prononcé dans ce sens (v. II, 4). Il divise la philosophie en philosophie *générale* et en philosophie *spéciale*. La première a pour objet les « vérités universelles », c'est-à-dire est la théorie des « premiers principes ». *Massaryk* considère la logique elle aussi comme une partie de la philosophie générale. Mais il ajoute que la philosophie dans le sens le plus étroit, c'est seulement la métaphysique, philosophia prima (2). La métaphysique n'est cependant pas la seule discipline philosophique de caractère *général* (v. I, 4 et § 3).

II. — Le caractère de généralité scientifique *suprême* de la métaphysique, de la théorie de la connaissance et de la logique ou seulement de certaines d'entr'elles (v. I) est donc souvent constaté. Mais ceux qui ont cultivé ces disciplines ont suivi deux méthodes diamétralement opposées. Il s'agit du rapport de l'activité de ces disciplines et de l'activité des sciences spéciales. Etant donné qu'elles doivent construire les connaissances scientifiques du plus haut degré de généralité, il serait logique de prime abord que l'on aboutisse

---

(1) COMTE, *op. cit.*, p. 55 se prononce aussi dans le même sens. Mais il comprend injustement par les premiers principes seulement les principes relatifs aux « lois naturelles invariables » et non pas ceux qui sont relatifs aux « causes, soit premières, soit finales », en réservant ces principes pour une discipline particulière qu'il appelle métaphysique.

(2) *Op. cit.*, p. 274. Il remarque que suivant KANT, en jugeant par le contenu réel de sa *Critique de la raison pure*, la philosophie générale c'est seulement la théorie de la connaissance (désignée aussi comme métaphysique). V. p. 253-264 sur les différentes conceptions de la métaphysique. Il remarque que suivant *Aristote* elle est la discipline, en d'autres termes la « science de l'être général » par opposition aux sciences spéciales qui sont les « sciences des parties de l'être », et que la conception d'*Aristote* est « le premier essai tout à fait clair d'organiser la philosophie comme une science indépendante à côté des sciences spéciales ».

à telles connaissances au moyen de la méthode dont se servent les sciences spéciales. La méthode des sciences spéciales, c'est la *généralisation* de nos connaissances particulières des différents phénomènes, fondées sur l'observation. Elles commencent leur activité avec les généralisations simples de premier degré et la terminent avec les généralisations les plus hautes des groupes des phénomènes dont elles s'occupent. Par conséquent les trois disciplines philosophiques en question n'auraient logiquement qu'à prendre pour point de départ les généralisations auxquelles les sciences spéciales ont abouti et à les continuer pour arriver aux généralisations les plus hautes, aux *notions scientifiques fondamentales*.

1. On n'a pas cependant généralement suivi cette méthode logique.

a) En croyant la raison humaine capable d'atteindre à la connaissance de *l'absolu*, c'est-à-dire de connaître l'être (la chose en elle-même, la chose telle qu'elle est en dehors de l'expérience, la réalité, le transcendant), en le distinguant de l'apparence (du phénomène, de la chose telle qu'elle est dans notre expérience), on a eu depuis toujours la prétention d'obtenir les connaissances absolues du plus haut degré de généralité conceptionnelle. Cette direction, connue sous le nom de philosophie *spéculative*, a été poussée jusqu'à son point extrême par *Schelling* et surtout par *Hegel*.

b) Un autre groupe de philosophes, *rationalistes* avec *Kant*, attribuant aux sciences spéciales les connaissances *empiriques* et à la philosophie les connaissances *a priori*, ont entendu arriver aux connaissances du plus haut degré de généralité pour certains phénomènes (tels que le droit, la morale) au moyen non pas de l'observation, mais de la déduction de la raison, « raison pure », comme le dit *Kant*.

Ceux-ci, comme d'ailleurs les premiers, ont donc fait abstraction des généralisations créées par les sciences spéciales, c'est-à-dire n'ont pas suivi la méthode de généralisation fondée sur l'observation, méthode que suivent les sciences spéciales. C'est pourquoi leur logique, leur théorie de la connaissance et surtout leur métaphysique n'apparaissent pas comme des disciplines philosophiques renfermant les notions scientifiques fondamentales de leur domaine respectif et par suite comme l'unification suprême du savoir scientifique. D'ailleurs, en règle générale, ils n'ont pas insisté sur l'unification des sciences. Cela s'applique aussi à un philosophe rationaliste qui, un des premiers, a insisté très énergiquement sur le rapport étroit qui devrait exister entre la philosophie et les sciences spéciales au point de vue de l'unification du savoir scientifique. C'était *Fichte* (1). Il représente la philosophie comme la *théorie de la science* (« Wissenschaftslehre »), c'est-à-dire lui attribue le caractère d'unification des sciences. Mais il comprend par sa théorie de la science une science qui doit être le fondement de toutes les autres, les devancer et fournir à chacune d'elles ses notions fondamentales, une science qui est la reine des sciences (« Königin der Wissenschaften »). D'un côté il représente donc la philosophie comme l'unification des sciences, de l'autre il la conçoit comme la discipline qui réalise cette unification au moyen de la *déduction*, indépendamment donc des résultats des sciences spéciales. Par suite sa « théorie de la science » n'apparaît pas en réalité comme l'unification du savoir scientifique.

2. C'est grâce à la « philosophie *positive* » inaugurée par *August Compte* (2) dont *D. Hume* est le précurseur, qu'une conception exacte du rapport devant exister entre la philosophie et les sciences spéciales a pris naissance. *Comte* oppose sa philosophie positive à la théologie et à la métaphysique transcendantale (ou, suivant la terminologie de *Kant*, transcendante) et se prononce énergiquement contre les connaissances absolues de ces deux disciplines, contre leurs recherches de « l'origine et de la destination de l'univers » et des « causes intimes des phénomènes ». La philosophie doit, suivant lui, synthétiser les connaissances acquises par les sciences spéciales et ainsi les unifier. Sa méthode doit par conséquent être la méthode empirique, positive, c'est-à-dire la « recherche par l'usage bien combiné du raisonnement et de l'observation » à l'effet de découvrir les « lois effectives » des phénomènes, c'est-à-dire leurs « relations invariables de succession et de similitude » (3). En d'autres termes il restreint l'activité de la philosophie à la généralisation suprême du savoir acquis par les sciences *spéciales*.

a) La division du travail intellectuel, à laquelle nous devons, dit *Comte*, le remarquable développement actuel de chaque classe distincte des connaissances humaines, se perfectionne de plus en plus et c'est ce qui constitue « un des traits caractéristiques du développement moderne du savoir scientifique qui manquait inévitablement et indispensablement à la première phase de la formation de la science » (4). Les inconvénients de cette division du travail consistent

(1) Wissenschaftslehre, 1794.

(2) Cours de philosophie positive, *op. cit.*, tome 1, Paris, 1830, p. 27 et suiv.

(3) *Op. cit.*, vol. 1, p. 4-5.

(4) *Op. cit.*, vol. 1, p. 27. « Par une loi dont la nécessité est, dit COMTE *(ib.)*, évi-

dans « l'excessive particularité des idées qui occupent chaque intelligence individuelle », c'est-à-dire en ce « qu'en perdant de vue leur unité on se perd en des particularités », autrement dit dans la « dispersion des conceptions humaines ». Pour supprimer ces inconvénients, le moyen ne saurait être évidemment de revenir à « cette antique confusion des travaux qui tendrait à faire rétrograder l'esprit humain ». Ce moyen consiste au contraire dans le « perfectionnement de la division du travail elle-même », à savoir il suffit de faire de l'étude des *généralités* scientifiques « une grande spécialité de plus ». Cette tâche doit être, dit *Comte*, entreprise par une classe nouvelle de savants, « préparés par une éducation convenable, sans se livrer à la culture spéciale d'aucune branche particulière de la philosophie naturelle ». Cette classe de savants « en considérant les diverses sciences positives dans leur état actuel » aura uniquement à s'occuper à « déterminer exactement l'esprit de chacune d'elles, à découvrir leurs relations et leur enchaînement, à résumer, s'il est possible, tous leurs principes propres en un moindre nombre de principes *communs*, en se conformant sans cesse aux maximes fondamentales de la méthode positive ». Et pour *contrôler* les résultats des généralisations accomplies par cette classe de savants, *Comte* recommande que les autres savants, spécialistes avant de se livrer à leurs spécialités respectives soient rendus aptes désormais par une éducation portant sur l'ensemble des connaissances positives à profiter immédiatement des lumières répandues par ces savants voués à l'étude des *généralités*, et réciproquement à *rectifier* leurs résultats, « état de choses dont les savants actuels se rapprochent visiblement de jour en jour ». Lorsque ces deux conditions seront remplies, la division du travail dans les sciences, cette « véritable base fondamentale de l'organisation générale du monde savant » sera poussée, sans aucun danger, aussi loin que le développement des divers ordres des connaissances l'exigera. On n'aura plus à craindre « qu'une trop grande attention donnée aux détails empêche jamais d'apercevoir l'ensemble » (1). Telle est la manière, termine *Comte*, dont je conçois

---

dente, chaque branche du système scientifique se sépare insensiblement du tronc, lorsqu'elle a pris assez d'accroissement pour comporter une culture isolée, c'est-à-dire quand elle est parvenue à ce point de pouvoir occuper à elle seule l'activité permanente de quelques intelligences ».

(1) « Former ainsi, dit (p. 31) COMTE (pour expliquer la nécessité actuelle de l'étude des généralités scientifiques comme conséquence inévitable de la spécialisation du travail scientifique), de l'étude des généralités scientifiques une section distincte du grand travail intellectuel, c'est simplement étendre l'appli-

la destination de la philosophie positive dans le système général des sciences positives proprement dites ; tel est, du moins, le but de ce cours ».

b) *Comte* désigne son cours comme cours de *philosophie positive*. Il relève déjà aussi dans « l'avertissement » (p. VII) qu'il emploie le mot de *philosophie* dans l'acception que lui donnaient les anciens, et particulièrement *Aristote* », comme désignant le « système général des conceptions humaines ». En ajoutant le mot « *positive* », il annonce qu'il considère « cette manière spéciale de philosopher qui consiste à envisager les théories, dans quelque ordre d'idées que ce soit, comme ayant pour objet la coordination des faits observés, ce qui constitue le troisième et dernier état de la philosophie générale, primitivement théologique et ensuite métaphysique » (v. sa première leçon sur ce sujet p. 3 et suiv.). Le caractère fondamental de la philosophie positive est, dit *Comte* pour préciser la direction de la généralisation proposée par lui, « de regarder tous les phénomènes comme assujettis à des lois naturelles invariables dont la découverte précise et la *réduction au moindre nombre possible* sont le but de tous nos efforts » (v. I, 6, relativement aux « causes premières, finales) (1).

c) Comme on l'a déjà remarqué, *Aristote* avait conçu la philosophie première comme science des premiers principes. *Comte* d'un côté le suit en tant qu'il se restreint à la métaphysique, conçue par lui naturellement dans le sens positif, en excluant la logique et la théorie de la connaissance. Mais d'autre part il a déterminé clairement et avec précision le sens des premiers principes, en les concevant comme premiers principes des sciences spéciales. Cette conception a été déjà antérieurement formulée par *Bacon* dans son ouvrage *De dignitate et augmentis scientiarum* (1623). En effet il y conçoit

---

cation du même principe de division qui a successivement séparé les diverses spécialités ; car, tant que les différentes sciences positives ont été peu développées, leurs relations mutuelles ne pouvaient avoir assez d'importance pour donner lieu, du moins d'une manière permanente, à une classe particulière de travaux, et en même temps la nécessité de cette nouvelle étude était bien moins urgente. Mais aujourd'hui chacune des sciences a pris séparément assez d'extension pour que l'examen de leurs rapports mutuels puisse donner lieu à des travaux suivis, en même temps que ce nouvel ordre d'études devient indispensable pour prévenir la dispersion des conceptions humaines ».

(1) COMTE considère, vu l'état actuel de nos connaissances, comme impossible l'entreprise d'explication universelle de tous les phénomènes par une loi *unique*, c'est-à-dire comme assujettis à une seule et même loi, comme effets divers d'une même loi, de la loi de la gravitation par exemple (p. 55).

la *philosophia prima* comme une science dont le devoir consiste en la recherche des principes, présuppositions (axiomata) qui sont communes à toutes les sciences *spéciales*, ou autrement dit, en la connaissance de l'« unité de la nature ». Mais il n'a pas appliqué cette conception, ce qu'au contraire *Comte* a fait.

3. La fonction d'unification de la philosophie générale par rapport aux sciences spéciales est clairement et profondément conçue par *Massaryk* (1). Mais en excluant, au moins en apparence, la théorie de la connaissance qu'il considère comme partie intégrante de sa « logique concrète » et en n'attribuant à la logique qu'un caractère secondaire dans l'unification du savoir à côté de la métaphysique (v. I, 6), il n'a pas réussi à appliquer exactement sa conception de l'unification du savoir aux sciences spéciales, en d'autres termes de délimiter exactement les savoirs scientifiques possédant le caractère de la plus haute généralité.

Il n'est pas certainement facile, dit *Massaryk*, de déterminer ce qu'est la philosophie, car autrement il n'y aurait pas à son égard tant d'hésitations et tant d'incertitude. Les temps sont passés, où on la considérait comme la « reine des sciences », qui prescrivait aux spécialistes ce qu'ils doivent et peuvent étudier. Pour déterminer sa notion, il n'y a qu'une méthode. Il faut classifier les sciences et déterminer l'essence de chacune, son objet et sa méthode, pour assigner à chacune sa place dans le système du savoir entier.

La science qui doit s'en occuper, c'est la « logique *concrète* ». Et lorsqu'on a opéré la classification des sciences et déterminé leur essence, on s'aperçoit, qu'en écartant les sciences spéciales, il ne nous reste comme philosophie que la méthaphysique « sur l'essence et la position de laquelle dans le système des sciences nous n'avons encore trouvé aucun renseignement ». Il s'agit, dit-il, maintenant de déterminer ce que le nom de métaphysique désigne, et il ajoute qu'il préfère le nom de *philosophie* (2).

Toute science peut être, dit *Massaryk*, envisagée à plusieurs points de vue. « Ce qui tout particulièrement vient d'abord en considération, c'est l'objet d'après lequel elle est constituée comme domaine indépendant du savoir ; nous pouvons ensuite prendre en

(1) *Op. cit.*, p. 249-275.

(2) « La dénomination de métaphysique me rappelle, dit-il (p. 2[illegible], note 1), sa notion inexacte (« superscience ») et c'est pourquoi je l'évite, pour ne pas me laisser induire en erreur par elle. Aussi n'aimé-je pas à me servir d'un mot qui, seul parmi toutes les dénominations, est dû au hasard — nomen, omen ».

considération la méthode, puis la qualité et enfin l'utilité de chaque science ». On a basé également la conception de la philosophie sur toutes ces considérations. Suivant lui la seule conception exacte est celle, suivant laquelle la philosophie a le même « objet » que les sciences *spéciales*, mais constitue une science indépendante, parce qu'elle doit être une *scientia universalis* ou *generalis*, comme le disaient déjà *Descartes* et *Leibnitz*, ou une conception unitaire du monde, comme on le dit aujourd'hui. C'est cette conception qui est renfermée à son avis explicitement, ou du moins implicitement, dans toutes les définitions, exactes ou fausses de la philosophie. La conception unitaire du monde doit, pour être *scientifique*, réunir en un tout unitaire toutes les sciences *spéciales*. Il s'ensuit qu'à présent, et peut-être toujours, elle restera incomplète et imparfaite, parce que le travail scientifique est nécessairement spécialisé et chaque philosophe n'est qu'un amateur dans beaucoup de sciences (1).

4. Le philosophe postérieur, positiviste qui a le mieux représenté le rapport qui doit exister au point de vue de l'unification du savoir scientifique entre la philosophie et les sciences spéciales, c'est *Spencer* (2).

a) Il constate comme les autres que l'élément *commun* des diverses conceptions de la philosophie, « une fois qu'on a éliminé tous les éléments en désaccord », c'est la « *connaissance du plus haut degré de généralité* » (the knowledge of the highest degree of generality). Mais suivant lui, on doit bannir la philosophie « de la plus grande partie des domaines qu'on croyait lui appartenir ». A savoir, on doit en rejeter tout ce qu'on regarde comme une connaissance *absolue*, parce que notre intelligence n'atteint que le relatif, bien qu'on ne puisse pas suivant lui nier l'existence de l'absolu, point de vue désigné avant lui par *Huxley* comme l'*agnosticisme*. Ce qui en reste, dit *Spencer*, c'est le domaine actuellement occupé par la *science*. La science, qui a pour objet les coexistences et les séquences des phénomènes, les

(1) On ne peut pas, dit-il (p. 265-266), le reprocher aux philosophes. Du reste c'est un fait « que les têtes les plus considérables possèdent à côté de leur savoir spécialisé un savoir d'amateur, qui a rendu des services non sans importance à la science et à l'humanité ». Déjà *Aristote* n'était qu' « un amateur en astronomie et aussi en certaines autres sciences ». Et cependant il vivait au commencement du développement scientifique.

(2) V. *Les premiers principes*, traduit de l'anglais par E. CAZELLES, *op. cit.*, p. 111 et suiv. ; v. l'édition originale sous le nom de *First principles*, constituant le premier vol. de son ouvrage complet « *A system of synthetic Philosophy* », third impression, London, 1910, p. 99 et suiv.

groupe d'abord pour former des généralisations simples de premier degré, puis « s'élève graduellement à des généralisations plus hautes et plus vastes ». Mais la science est divisée en plusieurs sciences spéciales, de sorte qu'elle n'est rien que la « somme des connaissances formées par l'apport de chacune », et ne nous dit rien de « la connaissance qui résulte de la *fusion* de ces apports en un tout ». Elle se compose donc de « vérités plus ou moins *isolées* ». Elle ne connaît pas leur « intégration », ne les connaît pas comme « complètement intégrées ». C'est la *philosophie* qui doit remplir ce vide. Elle doit servir de nom « à la connaissance de la plus haute généralité ». De même que chacune des généralisations scientifiques supérieures « enveloppe et consolide » les généralisations plus restreintes de la section, de même les généralisations de la philosophie « enveloppent et consolident » les généralisations de la *science* (1). « La connaissance de l'espèce la plus humble, conclut *Spencer* pour relever le caractère de la philosophie et son rapport envers les sciences spéciales, est le savoir *non-unifié* ; la science, le savoir *partiellement unifié* ; la philosophie, le savoir *complètement unifié* ». C'est le sens précis du mot de philosophie « qui peu à peu tend à prévaloir ». Son ouvrage *Les premiers principes* devrait représenter l'essai d'une philosophie conçue dans ce sens.

b) La philosophie conçue dans ce sens est la « *philosophie générale* ». A côté d'elle on doit distinguer, dit *Spencer*, la philosophie *spéciale*. La philosophie présente donc « deux formes distinctes dont on peut s'occuper séparément ». D'une part elle peut avoir pour objet les vérités universelles : « les vérités particulières auxquelles elle renvoie, ne servent qu'à prouver et à éclairer ces vérités universelles ». C'est la philosophie *générale*, celle dont il est question ci-dessus. Mais d'autre part la philosophie, partant des vérités universelles comme de principes admis, peut aborder les vérités particulières qu'elle interprétera par les universelles. Ce sera la philosophie *spéciale*. « Dans les deux cas, nous avons, dit-il, affaire aux vérités universelles ; mais dans l'un elles jouent un rôle passif et dans l'autre un rôle actif ; dans l'un, elles sont les produits, dans l'autre les instruments de la science. « Il divise la philosophie spéciale ainsi conçue en quatre sections d'après la nature des phénomènes qui en font l'objet. Elle

---

(1) « Une de ces généralisations, dit SPENCER (préface LXXXII), est connue vulgairement sous le nom de *conservation de la force* ; une seconde est renfermée dans mon essai sur *le progrès, sa loi et sa cause* ; une troisième est indiquée dans mon article sur la *physiologie transcendantale*. Il y en a d'autres ».

fait le sujet de quatre volumes sous les titres de *Principes de biologie, Principes de psychologie, Principes de sociologie et Principes de morale.* Ces quatre volumes font partie de son ouvrage complet intitulé *Système de philosophie synthétique* dont *Les premiers principes*, c'est-à-dire la philosophie *générale* constituent le premier volume (1).

5. Le rapport exact entre la philosophie et les sciences spéciales au point de vue de l'unification du savoir est représenté d'une façon assez originale par *Wundt*. Et ce qui est important, c'est que ce philosophe prend en considération toutes les disciplines qui renferment les connaissances *les plus générales* (v. I, 4), c'est-à-dire toutes les disciplines ayant le caractère de partie d'une philosophie *générale*, d'une science synthétique *suprême*. A ce point de vue sa conception de l'unification du savoir scientifique est par suite supérieure à la conception de *Spencer*, qui considère la métaphysique, les « premiers principes », comme la seule discipline de caractère philosophique général (v. 4) en rejetant ainsi la logique et en considérant la théorie de la connaissance seulement comme une partie d'introduction de la métaphysique, à savoir comme la première partie de son ouvrage *Les premiers principes*. La conception de *Wundt* est également supérieure au point de vue mentionné à la conception du fondateur de la philosophie conçue comme unification positiviste des sciences, *Auguste Comte*, qui ne prend pas non plus en considération la logique et la théorie de la connaissance (2).

---

(1) FLINT (*op. cit.*, p. 1 et suiv.) considère lui aussi la philosophie comme « une science qui doit réduire à leur unité les sciences particulières et faire voir que le savoir envisagé comme un tout est un cosmos ; que les sciences ne sont pas des choses isolées les unes des autres, mais attachées les unes aux autres de façon à constituer une unité », qui réfléchit « l'unité de la nature et l'unité de la raison suprême dominant toute la nature et produisant toutes les intelligences ». Il l'appelle « science des sciences » (science of the sciences), « science qui détermine les principes et les conditions, les limites et les relations des sciences ». Il lui attribue (p. 28 et suiv.) comme tâche non seulement « la généralisation des résultats des sciences » dans le sens de COMTE, mais aussi la métaphysique dans le sens classique, la théorie de la connaissance (investifation into the nature of knowledge itself) et la tâche de prévoir « l'avenir du monde et de la vie, de l'humanité et de la science ». V. ci-dessus (I, 4-6) pour la métaphysique dans le sens classique et pour la théorie de la connaissance. Quant à la dernière tâche que FLINT attribue à la « science des sciences » elle est trop vaguement déterminée et dans tous les cas on pourrait la faire rentrer dans les doctrines consacrées aux trois premières tâches.

(2) V. ci-dessus II, 4 la note relative à FLINT quant à son objection contre COMTE. Seulement FLINT perd de vue que la théorie de la connaissance dont COMTE a fait abstraction est elle aussi une discipline de généralisation suprême et que la métaphysique dans le sens classique, dont COMTE a fait abstraction

a) Après avoir mentionné la proposition d'une théorie de la science de *Fichte*, qui représente la philosophie générale comme la « reine des sciences » (v. II, 1), et qualifié comme impossible une théorie de la science de cette espèce, parce qu'un objet, dit-il, lui manque, *Wundt* propose une autre conception, plus scientifique de la philosophie, à savoir sa conception comme « *science générale* » ou « *théorie de la science* » ou « *philosophie scientifique* ». La philosophie ne peut être, dit-il, une théorie de la science que dans le sens que l'on considère comme objet de ses recherches les méthodes et les résultats des sciences spéciales et qu'on la conçoit par suite comme la « *science générale qui doit réunir en un système sans contradictions les connaissances générales fournies par les sciences spéciales* », en accommodant ainsi son but constant (v. I, 5 *b*) à l'état actuel des sciences (1). Il en résulte, dit *Wundt*, d'une part que la philosophie n'est pas le *fondement* des sciences *spéciales*, comme le soutenait *Fichte*, mais qu'elle a pour fondement ces sciences, dont elle doit continuer le travail et dont elle doit représenter le complément systématique (2) ; d'autre part qu'ayant pour objet la réunion des résultats des sciences spéciales en un système sans contradictions, et tendant ainsi à pousser plus loin et à terminer leur travail, elle règle ces sciences, c'est-à-dire leur indique la direction de la recherche. Il y a ainsi identité entre le « contenu » de la philosophie et le « contenu » de l'ensemble des sciences spéciales et par suite une liaison directe entre la philosophie et les sciences spéciales. C'est justement cette liaison directe, dit-il, en vertu de laquelle nous désignons la philosophie comme « philosophie *scientifique* ». Elle est nécessaire pour les

comme *positiviste*, ne peut être logiquement séparée, vu son objet, des premiers principes, donc de la métaphysique scientifique ou positive.

(1) V. System der Philosophie, *op. cit.*, 2e éd., p. 17 (3e éd., 1907, vol. 1, p. 9), Logik, tome 2 (Méthodenlehre), vol. 2, 2e éd., 1894, p. 641. Dans ce sens aussi G. Th. Fechner, Zendavesta oder über die Dinge des Himmels und des Jenseits, 1851, 3e éd., 1906 ; v. Hartmann, Philosophie des Unbewussten, 1869, 3e éd., 1907 ; Ostwald, Esquisse d'une philosophie des sciences, *op. cit.*, qui désigne la philosophie ainsi conçue comme *philosophie des sciences* et la définit (p. 1, 2) « la partie la plus générale de la science ».

(2) V. System der Philosophie, 2e éd., p. 17. La représentation dérivant de l'ancien rapport de dépendance et passant toujours dans les systèmes plus récents suivant laquelle la philosophie de même qu'elle a historiquement formé le commencement de toutes les sciences, doit systématiquement aussi dorénavant rester leur fondement est, dit-il, fausse. Car (p. 18) tout motif a disparu de se représenter leur rapport mutuel autrement que de la façon prescrite par les lois générales de notre connaissance. Suivant celles-ci nous obtenons du particulier le général pour se tourner après de celui-ci au particulier.

sciences spéciales aussi bien que pour la philosophie elle-même par suite du degré actuel du développement des besoins scientifiques. En effet les problèmes *philosophiques* se posent déjà dans les sciences spéciales et on y en a cherché la solution de diverses façons. Mais ces solutions sont données d'un point de vue plus restreint, et le plus souvent sans tenir compte des conditions générales de la connaissance. C'est pourquoi il existe des contradictions, même entre les sciences les plus proches dans les solutions des problèmes communs. Par conséquent la philosophie scientifique a besoin des sciences spéciales, parce que celles-ci lui préparent ses problèmes. Mais aussi à l'inverse les sciences spéciales ont besoin d'une philosophie scientifique, parce que celle-ci peut agir sur leurs recherches particulières en les éclairant et en les faisant avancer (1).

b) Quant à la division du contenu de la philosophie scientifique, *Wundt* considère qu'elle a deux problèmes principaux et qu'elle doit par suite, au point de vue systématique, être divisée en deux parties. En effet le contenu de la philosophie lui est commun avec l'ensemble des sciences spéciales, mais le *point de vue* sous lequel elle envisage ce contenu est différent, « parce qu'elle a d'avance en vue la *liaison* des objets du savoir ». C'est dans ce sens que son devoir général est double, c'est-à-dire qu'elle a « deux *problèmes principaux* ». A savoir elle examine le « contenu du savoir », soit par rapport à son « *devenir* (Entstehung) » soit en égard à la « *liaison systématique de ses principes* ». Le premier problème se rapporte donc au « savoir qui *devient* (das werdende Wissen) », tandis que le deuxième se réfère au « savoir qui *est devenu* (das *gewordene* Wissen) ». Conformément à ceci il divise la philosophie en deux « sciences philosophiques générales » : *la doctrine de la connaissance* (Erkenntnislehre) ayant pour objet le premier problème et la *doctrine des principes* (Prinzipienlehre) ou, dit-il, la *métaphysique* ayant pour objet le deuxième problème. Puis il divise la « doctrine de la connaissance » en deux parties : l'une « *formelle* » et c'est la *logique*, et une « *réelle* » et c'est la *théorie de la connaissance* (Erkenntnistheorie) qu'il partage en « *théorie générale* de la connaissance (allgemeine Erkenntnistheorie) » en comprenant par là la théorie de la connaissance dans son sens propre et en *méthodologie* ou doctrine *des méthodes* (Methodenlehre) (2). Quant à la philoso-

---

(1) V. System der Philosophie, 2e éd., p. 17 et suiv., 3e éd., vol. 1, p. 22, et Logik, p. 641 et suiv.

(2) V. System der Philosophie, 2e éd., p. 30-31, 3e éd., vol. 1, p. 22-23.

phie spéciale il la distingue en deux parties principales, philosophie de la *nature* et philosophie de *l'esprit* (Philosophie der Natur und des Geistes) (1).

c) *Külpe* se déclare comme partisan de la direction de *Wundt* (2). Mais d'une part il oppose injustement cette direction au « positivisme de *Comte* », en perdant de vue, qu'il ne s'agit pas ici d'une nouvelle conception de la philosophie de la part de *Fechner*, *v. Hartmann* et *Wundt*, mais d'une seule et même direction, celle positiviste annoncée par *Bacon* et représentée clairement par *Comte*. D'autre part il parle seulement de la métaphysique comme philosophie scientifique et perd ainsi de vue que *Wundt* prend aussi, avec raison du reste, en considération la logique et la théorie de la connaissance (avec la méthodologie). Il désigne la conception de la métaphysique en question (isolée ainsi injustement des deux autres disciplines déjà mentionnées), suivant laquelle elle est la « science dérivée des sciences spéciales et complétant ces sciences », comme métaphysique « *inductive* » et représente exactement sa conception synthétique et son rapport de réciprocité envers les sciences spéciales, rapport si étroit que dans leur caractère scientifique il n'existe pas, dit-il, une différence « *qualitative* » mais seulement « *quantitative* » (3).

La métaphysique conçue comme science est donc possible, dit *Külpe*, et par suite c'est à tort que *Kant* considère la métaphysique comme la théorie du transcendental (scil., dans la terminologie de *Kant*, comme la théorie du transcendant), de la chose en elle-même, comme la science *a priori*, dérivée de la raison « pure », en la séparant de la science, théorie de l'immanent, des objets de l'expérience possible, et en la rejetant ensuite comme une discipline impossible vue l'incapacité de la raison « pure » d'arriver aux connaissances du transcendental. *Külpe* remarque en outre qu'il ne serait pas difficile de démontrer que l'ancienne métaphysique, malgré l'*a priori* apparent de sa méthode, prenait elle aussi constamment, involontairement en considération le savoir de son temps.

(1) La deuxième partie de son ouvrage « System der Philosophie » est consacrée à ces deux philosophies spéciales.

(2) *Op. cit.*, § 4, 7-14.

(3) « Aussi dans les sciences spéciales règne, dit-il (p. 30-31), la tendance de dépasser le domaine de l'expérience par des suppositions et conclusions. Par l'élaboration logique des observations la métaphysique va dans cette direction de quelques pas plus loin et s'acquitte en cela de sa tâche qui est de mettre d'accord les résultats et les déterminations obtenus par les différentes sciences, de dessiner une image du monde fondé harmoniquement de tous les côtés ».

§ 3. — Nécessité de considérer les deux espèces de la synthèse supérieure du savoir scientifique spécial comme deux philosophies synthétiques autonomes, philosophie des objets des sciences spéciales et philosophie des sciences.

I. — Nous avons déjà remarqué (§ 2, I, 5) que les objets de la métaphysique d'une part, et ceux de la logique (avec la méthodologie) et de la théorie de la connaissance de l'autre, se distinguent *qualitativement*, c'est-à-dire *génériquement* les uns des autres et qu'il est par suite impossible de réunir toutes ces disciplines dans une seule et même science, appelée philosophie générale, philosophie première (prima philosophia), théorie de la science, science générale, science des sciences, philosophie scientifique, philosophie des sciences ou enfin philosophie positive. Toutes les conceptions existantes de la philosophie générale indiquées dans le § 2 reposent cependant sur cette idée fausse que l'on peut construire un *seul* système synthétique suprême du savoir scientifique.

La différence qualitative en question entre les *objets* de la métaphysique d'une part, et ceux de la logique et de la théorie de la connaissance de l'autre, consiste en ce que les premiers sont les genres synthétiques des objets de toutes les sciences inférieures, tandis que les autres sont les genres synthétiques des sciences elles-mêmes. Et il est évident qu'on ne peut pas confondre la *science* elle-même avec ses *objets*, c'est-à-dire considérer ceux-ci comme embrassant la science elle aussi et inversement. C'est cette confusion cependant qui est généralement commise, non seulement dans le domaine de la philosophie générale, mais aussi dans le domaine des philosophies *spéciales* et des *sciences spéciales*.

II. — Il résulte de ce qui a été dit (I) que l'unification du savoir scientifique doit se faire par deux ordres parallèles des sciences, c'est à dire que les deux espèces de la synthèse supérieure ou unification du savoir scientifique exposées dans le § 1 doivent être considérées comme deux sciences synthétiques autonomes différentes, donc indépendantes l'une de l'autre.

1. D'un côté il doit y avoir ainsi une science synthétique ayant pour *objet* les *genres synthétiques des objets des sciences spéciales*. Comme on l'a vu (§ 1, II), elle doit se diviser en plusieurs sciences synthétiques inférieures de deux ou plusieurs degrés et en une science synthétique *suprême* ou *générale*. Cette dernière a pour objet les

genres synthétiques prochains des objets des sciences synthétiques subordonnées immédiatement inférieures et par conséquent les genres suprêmes des objets de toutes les autres sciences synthétiques inférieures aux précédentes et de toutes les sciences spéciales.

2. D'autre part il doit y avoir une science synthétique ayant pour *objet* les *genres synthétiques des sciences spéciales* et des *sciences synthétiques* considérées comme *sciences*. Comme on l'a vu (§ 1, IV), elle doit se diviser en plusieurs sciences synthétiques inférieures et en une science synthétique suprême ou générale.

III. — 1. *a*) La partie *supérieure* de la science synthétique des objets des sciences spéciales est ce que devrait être une métaphysique *scientifique*. Si on voulait maintenir ce terme, on pourrait appeler ladite partie supérieure la *métaphysique*. Mais pour éviter le malentendu auquel ce nom pourrait donner lieu par rapport à la conception de l'unification du savoir scientifique, il faut employer le nom de *science synthétique suprême ou générale des objets des sciences*.

b) On peut aussi se servir du terme communément employé de *philosophie*, et appeler la science synthétique en question *philosophie suprême ou générale des objets des sciences*. Mais pour relever son caractère *synthétique*, c'est-à-dire l'identité de sa méthode avec celle des sciences spéciales (v. aussi § 1, III), et ainsi éviter les malentendus sur ce point, on doit l'appeler philosophie *synthétique* générale des objets des sciences. Suivant la remarque déjà faite (§ 2, II, 4) *Spencer* appelle sa philosophie dans le même but « philosophie *synthétique* ». V. cependant § 3, I, 1 *a* et *b* sur la superfluité de l'attribut de « général ».

c) On peut enfin se servir aussi du terme de *théorie générale*, et appeler la science synthétique en question *théorie synthétique générale des objets des sciences*. V. *b* pour l'attribut de « général ».

d) Les parties *inférieures* de la science synthétique des objets des sciences peuvent, conséquemment à ce qui a été dit, être appelées *sciences, théories ou philosophies synthétiques spéciales des objets des sciences*.

2. La science ou philosophie synthétique *générale* des objets des sciences peut être désignée comme *partie générale* de la science ou philosophie synthétique des objets des sciences. Les sciences ou philosophies synthétiques *inférieures*, subordonnées à la première apparaîtront alors comme sa *partie spéciale*. Celle-ci sera de son côté

divisée en plusieurs parties suivant le degré hiérarchique conceptionnel des sciences ou philosophies synthétiques inférieures ou spéciales, embrassées par elle.

IV. — 1. La science *synthétique suprême* ou *générale* des *sciences* doit embrasser le contenu des disciplines connues sous le nom de *logique* (avec la *méthodologie*) et de *théorie de la connaissance*. Mais leurs contenus doivent être évidemment systématisés de telle sorte qu'ils apparaissent comme le savoir se référant à la notion de science, genre suprême de toutes les sciences considérées comme sciences.

a) 1° Les différentes sciences se distinguent les unes des autres pour la raison que leurs objets se distinguent les uns des autres. L'ensemble de toutes les sciences, spéciales et synthétiques, considérées comme sciences, peut être désigné par un terme unique, par le terme de *science*. Ce serait le sens encyclopédique de cette expression, parce qu'elle ne désigne pas dans ce cas un tout unitaire, mais la somme des sciences considérées comme sciences, la « famille des sciences », comme le dit *Spencer* pour le terme de science conçu comme l'ensemble des sciences considérées par rapport à leur contenu (1).

2° Mais les différentes sciences, spéciales et synthétiques considérées comme sciences sont réductibles à une seule et même notion commune suprême, à la notion de science. S'il n'en était pas ainsi, le terme de science conçu dans le sens encyclopédique indiqué plus haut ne serait pas non plus possible, de même qu'il ne serait pas possible de désigner les différentes disciplines, spéciales et synthétiques par le terme de science. Ce qui est commun à toutes les sciences considérées comme sciences, c'est que chacune d'elles est un *système des notions* (v. § 1, I, 1). Ceci est donc leur genre commun, et ce genre est désigné comme *science*. Par conséquent les connaissances renfermées dans la logique (avec la méthodologie) et dans la théorie de la connaissance doivent être systématisées de telle sorte qu'elles apparaissent comme les connaissances scientifiques des éléments de la notion de la science considérée comme un tout unitaire.

b) Les différentes sciences, spéciales et synthétiques apparaissent soit à l'état *statique*, c'est-à-dire comme les *résultats* définitifs d'une activité, de l'activité scientifique, à savoir comme les systèmes des

(1) *Op. cit.*, p. 14.

notions, soit à l'état *dynamique*, c'est-à-dire comme des activités dirigées vers un but déterminé, comme des *activités scientifiques* (§ 1, I, 1). L'étude de la science doit de cette façon être divisée en deux parties, l'une consacrée à la notion *statique*, l'autre à la notion *dynamique* de la science, et par suite les connaissances acquises par la logique (avec la méthodologie) et par la théorie de la connaissance doivent être systématisées conformément à cette distinction.

2. Ce qui constitue donc l'objet de la synthèse ou unification réservée à la science synthétique suprême des sciences, ce sont toutes les sciences, *spéciales* aussi bien que *synthétiques* (science suprême et sciences synthétiques inférieures), considérées en tant que sciences. Il s'ensuit la nécessité de construire les théories ou sciences de chaque science spéciale et synthétique. Ces théories doivent évidemment, elles aussi, être considérées comme des sciences *indépendantes*, existantes à côté des sciences qu'elles synthétisent, et non confondues avec celles-ci, comme c'est le cas actuellement.

3. Conformément à ce qui a été dit (v. III, 1) pour la première espèce de la science ou philosophie synthétique, la science synthétique suprême ou générale des sciences peut être appelée *philosophie synthétique générale des sciences* ou bien *théorie synthétique générale des sciences.* En conséquence les sciences synthétiques inférieures ou spéciales des sciences peuvent être appelées *philosophies synthétiques spéciales des sciences* ou bien *théories synthétiques spéciales des sciences.*

4. Conformément à ce qui a été dit pour la première espèce de la science ou philosophie synthétique (v. III, 2), la science ou philosophie synthétique générale des sciences peut être désignée comme *partie générale* de la science, théorie ou philosophie synthétique des sciences. En conséquence les sciences ou philosophies synthétiques spéciales des sciences apparaîtront alors comme la partie *spéciale* de ladite science synthétique. Celle-ci sera de son côté divisée en plusieurs parties suivant le degré hiérarchique conceptionnel des sciences ou philosophies synthétiques inférieures ou spéciales embrassées par elle.

V. — 1. La science ou philosophie synthétique des objets des sciences et la science ou philosophie synthétique des sciences ont pour *genre* commun prochain la notion de *science* ou *philosophie synthétique* (bispécifique). La science de celle-ci est une science ou phylosophie *synthétique*, tandis que les sciences des deux premières prises à part sont des sciences *spéciales* des sciences (v. § 9 relativement à la science [synthétique] de la science juridique synthétique).

2. Le terme de science ou philosophie synthétique peut aussi être conçu comme désignant l'*ensemble* de la science ou philosophie synthétique des objets, des sciences et de la science ou philosophie synthétique des sciences, dans le sens encyclopédique donc. C'est pourquoi bien qu'elles soient des sciences indépendantes l'une de l'autre, on pourrait les embrasser par ce terme commun. Mais il ne faut pas perdre de vue, que ce terme doit désigner seulement leur ensemble et non pas une science *unitaire* dont elles seraient des parties intégrantes. Dans ce sens on peut se servir du terme de *double* philosophie (ou science) synthétique à côté du terme de philosophie (ou science) synthétique *bispécifique* (v. 1).

VI. — Etant donné que les deux sciences ou philosophies synthétiques ne sont que la continuation de la généralisation, de la synthèse, l'une des sciences spéciales, l'autre des sciences spéciales des sciences, il va de soi qu'elles ne se distinguent pas qualitativement de celles-ci. Il serait évidemment faux de dire (comme certains philosophes le disent [v. § 2, II, 3, 4, 5] pour leur philosophie « générale » ou « scientifique ») que leur « contenu » ou leurs « objets » leur sont communs avec lesdites sciences, car leurs *objets* sont les *genres* des *objets* de ces sciences. Mais leurs objets se rapportent au fond aux différents phénomènes auxquels les notions créées par lesdites sciences se rapportent elles aussi, et leur méthode, la synthèse, généralisation des connaissances, leur est commune avec ces sciences. Par conséquent elles aussi doivent être considérées comme sciences. Si l'on voulait leur refuser le caractère de *science* et par suite les considérer comme disciplines *sui generis*, comme « philosophies », on devrait alors aussi refuser le caractère de science aux parties des sciences spéciales qui s'occupent des notions *plus générales*.

Les partisans de la soi-disant philosophie scientifique ou de la théorie des sciences sont tous d'accord pour ce qui est du caractère *scientifique* de leur discipline. Elle ne doit pas, disent-ils, se substituer aux sciences spéciales, comme la métaphysique spéculative de *Schelling* et *Hegel*, et ainsi être « *non*-science », mais doit seulement compléter les sciences spéciales (1). Même la philosophie de l'*absolu* est souvent désignée par ses partisans comme une espèce de *science*. Quelques-uns de ceux-ci cependant divisent la *science* en deux

(1) V. KÜLPE, *op. cit.*, p. 31.

branches, la science dans le sens *large* et la science dans le sens *étroit*, et désignent la philosophie (quelquefois aussi l'histoire) comme une espèce de la *science* dans le sens large par opposition aux sciences spéciales, sciences dans le sens étroit (1).

1. Il résulte de ce qui vient d'être dit sur le caractère scientifique des deux philosophies synthétiques que chaque science particulière ainsi que toutes les études spéciales de son domaine peuvent avoir en même temps le caractère de (science ou) *philosophie* synthétique à côté de leur caractère de spécialité, c'est-à-dire de science non-synthétique. Elles posséderont le caractère philosophique alors qu'elles étudient leurs objets en relation avec leurs genres qui sont des objets de l'une ou de l'autre philosophie synthétique. Dans ce cas, tout en étant des spécialités, elles sont des spécialités *philosophiques* ou plus exactement (v. III, 1 *b*) *synthético-philosophiques*, et le savant qui procède ainsi est spécialiste synthético-philosophique par opposition au pur spécialiste (2). Comme on le verra (v. § 4, II), l'approfondissement de cette espèce de leurs objets de la part des sciences spéciales et des sciences des sciences leur est indispensable (3).

2. Il résulte aussi du caractère scientifique des deux philosophies synthétiques qu'il serait faux de dire qu'elles se distingueraient des sciences spéciales par le fait que leurs connaissances seraient *plus importantes*. Il s'agit toujours de la connaissance des différents phénomènes, et à cet effet les connaissances acquises par les sciences spéciales sont aussi bien nécessaires et par suite importantes que celles acquises par les deux philosophies synthétiques (4).

3. Ce qui distingue une science des autres, ce sont ses objets (v. IV, 1 *a* 1°). Et étant donné que les deux sciences ou philosophies synthétiques ont des *objets* différents de ceux des sciences spéciales qu'elles synthétisent, il va de soi qu'elles doivent être constituées

---

(1) Ainsi TRIVERO, *op. cit.*, p. 45. — Aussi PETRONIEVITCH (*op. cit.*, § 2) ne considère pas sa philosophie spéculative et la science comme deux branches tout à fait diverses (7).

(2) Comp. SPENCER, *op. cit.*, 114 : MASSARYK, *op. cit.*, 258.

(3) Comp. MASSARYK, *op. cit.*, p. 258-267. L'organisation de la spécialisation du travail scientifique, dont COMTE parlait, ne peut pas être faite, dit-il (p. 267), sur le modèle du travail dans les usines. Jusqu'à un certain degré cela arrive, ajoute-t-il, aussi dans l'organisation scientifique, mais l'homme d'après sa nature elle-même veut travailler dans la science conscient du but, ayant en vue le tout, et doit ainsi travailler pour que le travail ait réellement de la valeur ».

(4) Comp. MASSARYK, *op. cit.*, p. 263.

comme des sciences indépendantes, différentes des sciences spéciales (1).

a) Certains auteurs considèrent la « philosophie » comme *l'ensemble des sciences spéciales systématiquement ordonné*, suivant la hiérarchie de ces sciences, déterminée par leur classification (2). Leur philosophie évidemment n'est pas une science indépendante, différente des sciences spéciales.

b) Certains spécialistes considèrent la « philosophie » comme une introduction ou encyclopédie scientifique destinée à donner aux commerçants certaines notions générales pour les initier aux problèmes des sciences spéciales. Il n'est pas par suite étonnant qu'ils considèrent leur philosophie comme une phase provisoire de l'organisation scientifique et scolaire (3).

4. Il résulte de l'identité de la méthode des deux sciences ou philosophies synthétiques avec la méthode des sciences spéciales, qu'il est indispensable pour un philosophe d'être en même temps un *spécialiste*, c'est-à-dire de cultiver aussi quelque science spéciale, car ce n'est qu'ici, dans le domaine abstrait et plus proche du concret qu'il peut se familiariser avec la méthode scientifique. C'est pourquoi on a dit justement que personne ne peut être un « philosophe *scientifique* », s'il n'est pas spécialiste dans une science spéciale, botanique, psychologie ou n'importe quelle autre (4). Mais d'autre part, étant donné que le philosophe scientifique ne peut être spécialiste que dans une ou quelques sciences, il est évident que chaque philosophie est soumise à l'influence prédominante de la méthode des sciences spéciales, dans lesquelles son auteur s'est spécialisé (5).

VII. — Les deux sciences ou philosophies synthétiques *générales* ont donc pour objet les *notions suprêmes* ou *fondamentales* déter-

---

(1) Comp. KÜLPE, *op. cit.*, p. 31.

(2) Comp. MASSARYK, *op. cit.*, p. 257.

(3) Comp. MASSARYK, *op. cit.*, p. 262.

(4) V. MASSARYK *op. cit.*, p. 261. L'histoire fait voir, dit-il (p. 273), que toujours les plus grands philosophes furent des spécialistes distingués : « ARISTOTE fut en raison de son grand savoir pendant des milliers d'années le maître des philosophes, et les grands philosophes modernes, jusqu'à nos jours, ont été de remarquables spécialistes : DESCARTES, LEIBNITZ, HUME, COMTE, SPENCER, FECHNER, LOTZE, HELMHOLTZ, etc. Plus grand a été le philosophe, plus remarquable il a été comme spécialiste ».

(5) Comp. MASSARYK, *op. cit.*, p. 273. V. p. 264 sur les motifs « pratiques » des études philosophiques, sur le caractère de la philosophie qui est d'exprimer notre personnalité (Gesinnungsphilosophie) et sur l'explication de la philosophie par PLATON comme « amour de la sagesse ».

minées, résultats des deux espèces ci-dessus mentionnées de la synthèse du savoir scientifique, ou en d'autres termes les *principes suprêmes* ou *fondamentaux*. On restreint injustement le sens logique du terme de *principe*, lorsqu'on définit, dans le sens d'*Aristote*, la métaphysique ou « philosophie première » « science des *principes* et causes premières », en identifiant le terme de principe avec celui de loi. On rencontre cependant fréquemment cette définition dans les ouvrages philosophiques (1).

§ 4. — Raisons de la nécessité de construire la philosophie synthétique des objets des sciences spéciales et la philosophie synthétique des sciences, deux espèces de la philosophie synthétique.

I. — Etant donné que les savoirs scientifiques renfermés dans les différentes sciences spéciales et dans les sciences des différentes sciences ne sont pas les seules connaissances scientifiques possibles sur les objets de ces sciences, la construction de la philosophie synthétique des objets des sciences spéciales et de la philosophie synthétique des sciences est nécessaire tout d'abord pour *compléter* notre savoir scientifique. Ce complément consiste, comme on l'a vu (§§ 1-3) dans la *synthèse*, c'est-à-dire dans l'*unification* ci-dessus exposée du savoir scientifique.

1. Sans l'unification systématique, c'est-à-dire sans la réduction des notions inférieures à leurs genres et la détermination de l'essence de ceux-ci, on ne pourrait en général posséder le savoir scientifique d'un groupe d'objets. On ne possédera pas, par exemple, le savoir scientifique relativement aux différents animaux, si on ne réduit pas les notions des différents animaux particuliers à leurs genres communs présentant différents degrés conceptionnels et si on ne détermine pas l'essence de ces genres. Il en est de même des différentes institutions juridiques ainsi que de tous les autres phénomènes et des différentes sciences des sciences. Par conséquent la raison en question, invoquée en faveur de la construction de la double science synthétique, n'est au fond que l'élargissement quantitatif de la raison sur laquelle se base la construction des sciences en général. De même donc qu'on ne peut pas, *en général*, posséder le savoir scientifique relativement aux animaux ou aux institutions

---

(1) V. la juste remarque de JANET (*op. cit.*, p. 2) sur ce point.

du droit constitutionnel sans déterminer leurs genres communs, c'est-à-dire sans les mettre en relation conceptionnelle respective, de même on ne peut pas posséder le savoir scientifique *complet*, c'est-à-dire complètement unifié, relativement aux animaux ou aux institutions du droit constitutionnel, si on ne réduit pas celles-ci et ceux-là à leurs genres *supérieurs* communs respectifs présentant *tous* les *degrés* conceptionnels *possibles*, c'est-à-dire aux genres qui leur sont communs avec d'autres groupes de phénomènes, en d'autres termes, si on ne les met pas en relation conceptionnelle graduelle avec les phénomènes similaires.

2. La construction des notions, genres communs supérieurs en question (v. 1) ne peut pas être assignée aux sciences spéciales et aux différentes sciences des sciences. Il est vrai (v. II) que ces sciences doivent s'appuyer sur les notions ci-dessus mentionnées pour pouvoir approfondir leurs objets. Mais tout d'abord la construction des notions, genres en question ne s'y impose que *partiellement*, c'est-à-dire seulement en tant qu'il est nécessaire pour la connaissance des objets propres des sciences ci-dessus mentionnées. Puis, si on leur laissait la construction des notions en question, elles le feraient en vertu de leurs connaissances nécessairement *restreintes*, ce qui aurait pour conséquence le non approfondissement de ces notions et les solutions contradictoires des mêmes problèmes de la part des différentes sciences spéciales et des différentes sciences des sciences. Enfin les notions, genres en question ne sont pas, vu leur nature propre, des *objets* des sciences ci-dessus mentionnées, c'est-à-dire qu'elles sont en dehors du domaine propre de ces sciences (v. § 4, VI, 3). La nécessité s'impose ainsi de considérer la construction des notions, c'est-à-dire des genres en question, comme une activité scientifique indépendante, c'est-à-dire de créer les sciences ou philosophies synthétiques ci-dessus mentionnées.

II. — La construction des philosophies synthétiques ci-dessus mentionnées est du reste nécessaire non seulement pour compléter le savoir scientifique spécial au moyen de la synthèse ou unification définitive de ce savoir, donc théoriquement, mais aussi en vue du *perfectionnement* des différentes sciences conceptionnellement inférieures, donc *pratiquement*. Déjà par exemple *Comte* avait insisté sur ceci, ayant en vue du reste seulement les sciences spéciales : « L'étude spéciale des généralités scientifiques » doit, dit-il, « contribuer aux progrès particuliers des diverses sciences positives », ce qu'il désigne comme « troisième propriété fondamentale de la philosophie positive » parmi les quatre invoquées par lui. En effet les divisions établies entre les sciences, « sans être arbitraires, comme quelques-uns le croient, sont essentiellement artificielles », car « en réalité, le sujet de toutes nos recherches est un ; nous ne le partageons que dans la vue de séparer les difficultés pour les mieux résoudre ». Il en résulte « plus d'une fois que, contrairement à nos répartitions classiques, des questions importantes exigeraient une certaine combinaison de plusieurs points de vue spéciaux, qui ne peut guère avoir lieu dans la constitution actuelle du monde savant ; ce qui expose à laisser ces problèmes sans solution beaucoup plus longtemps qu'il ne serait nécessaire ». Un tel inconvénient doit se présenter surtout « pour les doctrines les plus essentielles de chaque science positive en particulier. » Il en cite plusieurs exemples, d'où il résulte que certaines découvertes fondamentales citées par lui ne sont que les résultats d'un « rapprochement » établi entre deux ou plusieurs sciences respectives (1).

Les fonctions pratiques des deux philosophies synthétiques par rapport aux différentes sciences sont de trois espèces :

1. Le général, c'est-à-dire le genre est partie intégrante du particulier, c'est-à-dire des notions scientifiques inférieures, il est leur unification. Par suite les différentes sciences ne pourraient pas approfondir complètement leurs objets, si elles ne les mettaient pas en relation avec leurs genres (comp. I, 1 *a*). Les sciences ou philosophies synthétiques ci-dessus mentionnées sont donc un *auxiliaire* indispensable pour les sciences spéciales, puisqu'elles doivent leur fournir ces genres.

2. Puisque le général est partie intégrante du particulier, la recherche du particulier de la part des différentes sciences serait

(1) COMTE, Cours de Philosophie positive, *op. cit.*, tome 1, p. 43-47. « Je pourrais citer, dans le passé, dit-il (p. 44), un exemple éminemment mémorable, en considérant l'admirable conception de DESCARTES relative à la géométrie analytique. Cette découverte fondamentale, qui a changé la face de la science mathématique, et dans laquelle on doit voir le véritable germe de tous les grands progrès ultérieurs, qu'est-elle autre chose que le résultat d'un rapprochement établi entre deux sciences, conçues jusqu'alors d'une manière isolée ? ». Après avoir invoqué encore deux exemples pris dans le domaine de la chimie (sur la doctrine des proportions définies et sur la question de savoir, si l'azote est ou non un corps simple), COMTE conclut en disant (p. 47) que ces exemples suffisent pour faire sentir, en général, l'importance de la fonction que doit remplir dans le perfectionnement de chaque science naturelle en particulier la philosophie positive, immédiatement destinée à examiner d'une manière permanente de telles combinaisons, qui ne pourraient se former convenablement sans elle ».

exposée à aboutir à des résultats faux ou incomplets, si elle ne suivait pas la direction qui lui est indiquée implicitement par les résultats de la recherche du général, c'est-à-dire si elle ne prenait pas ces résultats pour base. Les sciences ou philosophies synthétiques ci-dessus mentionnées doivent donc *régler* le travail des sciences, c'est-à-dire diriger leur activité.

3. On soutenait (*Fichte* par exemple, v. § 2, II, 1 *b*) pour la « philosophie générale » qu'elle doit fournir aux sciences spéciales leurs notions *fondamentales*. Cette affirmation est évidemment une exagération du service qu'une science synthétique devrait rendre aux sciences spéciales. Les notions fondamentales des sciences spéciales étant les résultats de la généralisation suprême des connaissances acquises par elles, il est clair qu'elles sont les plus compétentes pour une formation approfondie de ces notions. Mais néanmoins, la science synthétique constitue le fondement le plus solide pour une construction approfondie des notions fondamentales des sciences spéciales pour les deux raisons qui viennent d'être invoquées (1 et 2).

III. — La construction des philosophies synthétiques ci-dessus mentionnées est enfin nécessaire encore pour deux autres raisons pratiques :

1. Elle sert de moyen pour l'acquisition d'une *éducation scientifique générale*. *Comte* avait insisté aussi sur cette utilité de la « philosophie positive » qu'il représente comme la « deuxième propriété fondamentale » de sa discipline, à savoir comme la propriété de présider à la refonte générale de notre « système d'éducation », qui est « encore essentiellement logique, métaphysique et littéraire » (1).

---

(1) *Op. cit.*, vol. 1, p. 41. — A côté des deux « propriétés fondamentales » ou « résultats directs » de la « philosophie positive » ci-dessus mentionnés, COMTE en énumère encore deux autres :

1. L'étude de la philosophie positive, « en considérant les résultats de l'activité de nos facultés intellectuelles », nous fournit « le seul vrai moyen rationnel de mettre en évidence les lois logiques de l'esprit humain, qui ont été recherchées jusqu'ici par des voies si peu propres à les découvrir » ; et par suite elle nous fournit « la connaissance précise des règles générales convenables pour procéder sûrement à la recherche de la vérité ». Car, en « regardant toutes les théories scientifiques comme autant de grands faits logiques », c'est uniquement par « l'observation approfondie de ces faits » qu'on peut s'élever à la « connaissance des lois logiques », et non pas par la « soi-disant observation intérieure des métaphysiciens » (p. 32-40).

2. Elle peut être considérée comme « la seule base solide de la réorganisation sociale qui doit terminer l'état de crise dans lequel se trouvent depuis longtemps

Le travail scientifique ainsi que l'acquisition du savoir scientifique étant divisés, spécialisés, on sent la tendance à élargir notre savoir scientifique de telle sorte qu'on possède dans une certaine mesure aussi les connaissances acquises par les autres branches scientifiques. Cet élargissement du savoir pourrait en effet être réalisé par l'acquisition de *toutes* les connaissances scientifiques existantes. Mais d'abord cette espèce d'éducation scientifique serait, comme *Comte* le remarque (1), « presque impossible et nécessairement fort imparfaite même pour les plus hautes intelligences placées dans les circonstances les plus favorables », impossibilité augmentée encore davantage par le développement postérieur des sciences. En outre si même cette impossibilité n'existait pas, on posséderait en effet toutes les connaissances acquises par les différentes sciences spéciales et les sciences des sciences, mais on ne connaîtrait pas, sans les deux espèces de la philosophie synthétique, les genres des objets de ces connaissances, fournis par elle, et par là même les connaissances possédées seraient privées de leur complément nécessaire qui les unifie et par suite leur donne le caractère systématique complet. C'est pourquoi le but d'élargir notre savoir scientifique ne pourrait pas non plus être atteint au moyen d'une discipline *encyclopédique*, conçue comme une revue générale, sommaire des différentes sciences spéciales et des sciences des sciences. Par conséquent seule la science ou philosophie synthétique peut nous procurer une éducation scientifique générale. Elle nous fournit les connaissances scientifiques qui nous manquent et en même temps, *par le fait même*, étend notre savoir scientifique à tous les domaines scientifiques inférieurs, puisque les connaissances ci-dessus mentionnées fournies par elle sont les connaissances qui synthétisent, unifient les connaissances renfermées dans les sciences spéciales et dans les sciences des sciences.

2. La possession du savoir synthétique acquis par la double philosophie synthétique *facilite* l'acquisition du savoir renfermé dans telle ou telle science spéciale ou dans la science de telle ou telle autre science. En effet étant donné que le premier savoir renferme la synthèse de cet autre, en l'acquérant nous acquérons *par ce fait*

---

les nations les plus civilisées », en fournissant un certain nombre d'idées générales capables de former une doctrine sociale commune et d'écarter ainsi l'état révolutionnaire des nations, dû au défaut de cette doctrine commune » (p. 47 et suiv.).

(1) *Op. cit.*, p. 48.

même une partie, partie fondamentale de l'autre. Et en même temps nous acquérons par là même la connaissance des *rapports* de ce savoir envers les savoirs spéciaux se rapportant aux objets similaires, c'est-à-dire la connaissance de ses relations *systématiques* dont l'acquisition produit évidemment la compréhension plus facile ainsi que plus profonde du savoir spécial.

SECTION II

Notion de la philosophie juridique synthétique (bispécifique) et les deux espèces de cette philosophie : Philosophie du droit (des institutions juridiques) et philosophie des sciences juridiques

---

§ 5. — Objets des sciences juridiques spéciales; distinction entre les sciences juridiques spéciales et les sciences spéciales des sciences juridiques ; objets des sciences spéciales des sciences juridiques.

I. — Toutes les sciences, excepté les sciences mathématiques, ont pour objet un groupe déterminé de *phénomènes*, du monde extérieur ou intérieur, et il en est ainsi évidemment aussi des sciences juridiques spéciales. Les phénomènes *juridiques* sont leurs objets. Mais cette détermination des objets des sciences juridiques spéciales n'apparaît que comme une application particulière de la détermination générale des objets des sciences, en ajoutant à celle-ci l'attribut de « juridique ». Elle ne précise donc pas de plus près la nature des sciences juridiques spéciales. Il reste de cette façon à déterminer, en quoi consistent les phénomènes juridiques, c'est-à-dire les objets des sciences juridiques spéciales. Il est nécessaire de faire cet exposé ici, et de même l'exposé des autres matières traitées dans ce paragraphe, pour pouvoir aborder ensuite la fixation de la notion de la synthèse juridique supérieure (§ 6) et par conséquent la détermination de la notion des deux philosophies juridiques synthétiques (§ 8) et de leur genre, philosophie juridique synthétique (§ 9).

1. Étant donné que les matériaux des sciences juridiques sont constitués par les *prescriptions juridiques*, dont l'ensemble est appelé brièvement le *droit*, il paraît à première vue que les *prescriptions juridiques* elles-mêmes ou le *droit* sont les objets desdites sciences, c'est-à-dire que ces prescriptions constituent les phénomènes *juridiques*. Et en effet il est de règle de l'affirmer, soit expressément, soit implicitement, dans la littérature juridique (1). On dit que la

---

(1) Ainsi par exemple PLANIOL, Traité élémentaire de droit civil, vol. 1 (1906), p. 2 (n° 3) ; ARNDTS, Juristische Encyklopädie une Methodologie, 6e éd., 1876, p. 5 § 1.

science juridique a pour objet les prescriptions (normes) juridiques ou le droit, et spécialement que la science du droit criminel a pour objet les prescriptions criminelles — juridiques, en d'autres termes le droit criminel ; la science du droit civil, les prescriptions civiles — juridiques, en d'autres termes le droit civil, etc. (1).

2. Quand on pénètre cependant plus profondément dans l'essence des objets des sciences juridiques spéciales, on s'aperçoit aussitôt que la susdite conception est erronée, qu'elle repose sur une confusion faite entre les *matériaux* des sciences juridiques et les *objets* de ces sciences. Ainsi par exemple, une partie de la science du droit civil, le Droit réel ne renferme pas les notions des *prescriptions juridiques* sur la propriété, la servitude, etc., mais les notions de la *propriété*, de la servitude, etc. Et parce que le contenu de chaque science juridique est constitué par les notions juridiques (v. § 1, I), et que les notions juridiques sont les notions de ses *objets*, il est clair que ce ne sont pas les prescriptions juridiques sur la propriété, la servitude, etc., mais la propriété *elle-même*, la servitude elle-même, etc. qui apparaissent comme objets du Droit réel. Il en est de même des autres sciences juridiques.

Mais c'est surtout le Droit *criminel* qui nous fait voir d'une façon évidente la fausseté de la susdite conception des objets des sciences juridiques. En effet si cette conception était exacte, il en résulterait que le Droit criminel lui aussi aurait pour objet les prescriptions juridiques, en d'autres termes le *droit*. Cependant tout au contraire le Droit criminel ne s'occupe pas du droit, mais des violations du droit, c'est-à-dire des *illicites* (torts), dits illicites criminels ou délits, et par conséquent ce sont les *violations* incriminées des prescriptions juridiques, illicites criminels (à côté des criminels et des peines), par exemple le délit d'homicide (le délinquant d'homicide et la peine), le vol (le voleur et la peine), qui sont ses objets.

a) Les véritables objets susdits des sciences juridiques spéciales, la propriété, la servitude, le vol, l'homicide, etc., sont connus sous le nom d'*institutions juridiques*. Pour caractériser leur essence de plus près il est nécessaire de faire ressortir que la propriété, la servitude, le vol, l'homicide, etc. ne sont pas naturellement objets des sciences juridiques en tant qu'ils existent *in concreto* dans la vie

(1) Ecrits en *d* minuscule ces termes doivent désigner une branche particulière du droit positif, et en *d* majuscule une branche particulière de la science du droit.

juridique quotidienne, mais seulement en tant qu'ils sont des faits *abstraits*, c'est-à-dire en tant qu'ils sont renfermés dans les prescriptions juridiques, donc seulement comme *notions*. En d'autres termes ce qui constitue un des objets du Droit civil par exemple, ce ne sont pas les propriétés *in concreto*, mais la *notion* de propriété ou plus brièvement la propriété (en entendant par là la *notion* de propriété), ce qu'il faut naturellement distinguer de la notion de *la* propriété, car celle-ci est non pas un des objets de la science en question, mais une partie de son *contenu*. De cette façon l'*institution juridique* est de nature purement *abstraite*, elle est donc une notion particulière.

b) Toute science juridique a naturellement à déterminer une foule des notions juridiques. Il semble de prime abord que toutes ces notions apparaissent comme institutions juridiques, par conséquent comme objets indépendants des sciences juridiques. En réalité il n'en est pas ainsi. Seules certaines notions juridiques sont les institutions juridiques, tandis que les autres ne sont que les éléments des notions constituant les institutions juridiques, c'est-à-dire sont les notions juridiques non autonomes. Ainsi par exemple la notion juridique de chose n'est pas une institution juridique, mais un élément des différentes institutions juridiques, par exemple des institutions de propriété et de vol. Il serait de cette façon, nécessaire de définir l'institution juridique, c'est-à-dire de déterminer les éléments qu'une notion juridique doit posséder pour apparaître comme institution juridique. Plusieurs auteurs ont essayé de faire cette détermination. Ainsi d'après *Derbenurg* « les *institutions juridiques* sont les institutions de la société civile réglementées juridiquement, par exemple la propriété, le pouvoir paternel, la curatelle » (1) ; d'après *Gierke* « l'ensemble des prescriptions juridiques qui correspond à un rapport vital déterminé est *institution juridique* » (2) ; d'après *Windscheid* « par *institution juridique* on comprend l'ensemble des prescriptions juridiques qui se rapportent à une relation juridique » (3). Mais on ne traitera pas ici la question de la notion de l'institution juridique, parce que la détermination de cette notion présuppose la détermination de la notion de la prescription juridique,

---

(1) Pandekten, 5e éd., 1896, Band 1, p. 92 (note 6 : « Les *normes* que l'on rencontre à travers tout le système du droit, par exemple *la culpa*, ne constituent aucune institution juridique »).

(2) Deutsches Privatrecht, Band 1, 1895, p. 124.

(3) Lehrbuch des Pandektenrechtes, Band 1, 9e éd., 1906, p. 166.

et ceci est un objet non pas des prolégomènes, mais de la philosophie du droit elle-même.

II. — Comme cela sera exposé (§ 8, I), il faut strictement distinguer entre les sciences juridiques *spéciales*, c'est-à-dire les sciences qui étudient les différentes institutions juridiques, et les *sciences* spéciales des *sciences* juridiques. Ainsi à côté du Droit civil et du Droit criminel, deux sciences juridiques spéciales, il faut distinguer les sciences de ces sciences juridiques, c'est-à-dire la science du Droit civil, en d'autres termes la science de la science du droit civil, et la science du Droit criminel, en d'autres termes la science de la science du droit criminel.

1. Les *phénomènes* (v. I) qui constituent les objets des sciences spéciales des sciences juridiques sont donc les *sciences juridiques* spéciales (v. I) ainsi que (v. § 8) les sciences juridiques synthétiques, c'est-à-dire les disciplines elles-mêmes des différentes institutions juridiques, envisagées en tant que sciences d'une espèce déterminée. Le contenu des sciences spéciales des sciences juridiques est donc constitué par les *notions* des différentes *sciences juridiques*.

2. Les sciences des sciences juridiques sont elles aussi sciences de caractère *juridique*, sciences juridiques dans un sens plus large. Et, à la différence des sciences *synthétiques* (v. § 8), elles sont sciences *spéciales*, de même que les sciences des institutions juridiques (v. I). Mais pour relever la différence *générique* (v. § 8, I) entre les objets de ces deux espèces des sciences nous désignons les dernières comme sciences juridiques *spéciales*, et les premières comme *sciences* spéciales des sciences juridiques.

3. Les notions renfermées dans les sciences juridiques, c'est-à-dire les notions des institutions juridiques, et les notions renfermées dans les sciences des sciences juridiques, c'est-à-dire les notions des sciences juridiques, ont pour élément commun leur caractère *juridique*. Mais naturellement les dernières ne sont pas des *notions juridiques* dans le sens *étroit* de ce terme (v. § 8, I). La *notion juridique* prise dans le sens *large* du mot est leur *genre commun*.

4. Les savoirs renfermés dans les sciences juridiques spéciales ainsi que les savoirs renfermés dans les sciences spéciales des sciences juridiques apparaissent comme des savoirs scientifiques de caractère *juridique*, et, à la différence des savoirs *synthétiques* (v. §§ 7 et 8), elles apparaissent comme des savoirs scientifiques *spéciaux* de caractère *juridique*. Rien n'empêche d'appeler les uns et les autres soit de ce dernier nom, soit du nom de savoirs *juridiques scientifiques*

spéciaux (naturellement dans un sens plus *large*, v. 2), car la distinction terminologique faite plus haut (2) est suffisante.

§ 6. — Nécessité de la synthèse ou unification du savoir juridique scientifique spécial (des sciences juridiques spéciales et des sciences spéciales des sciences juridiques).

I. — 1. Chacune des sciences juridiques spéciales renferme *tout* le savoir scientifique possible de ses objets considérés en *eux-mêmes*, c'est-à-dire indépendamment de leurs rapports conceptionnels envers les institutions juridiques qui sont les objets des autres sciences juridiques spéciales. Ainsi la science du droit criminel représente tout le savoir scientifique possible relativement aux délits, délinquants et peines considérés en eux-mêmes.

Le savoir scientifique renfermé dans chacune des sciences juridiques n'apparaît cependant pas comme le seul savoir scientifique possible relativement aux institutions juridiques qui sont ses objets alors que l'on considère ces institutions *par rapport à leur liaison conceptionnelle* avec toutes les *autres* institutions juridiques ou seulement avec tel ou tel autre *groupe* des institutions juridiques. En effet lorsqu'on les considère de cette façon, on s'aperçoit que les institutions juridiques de certains groupes particuliers des sciences juridiques spéciales possèdent une certaine affinité conceptionnelle, et même que toutes les institutions juridiques peuvent se réduire à un certain nombre de genres communs, donc genres juridiques suprêmes. Les différents essais de construction de la « philosophie du droit » et des philosophies du droit criminel, privé et public nous le font déjà voir. Il est par conséquent nécessaire de déterminer aussi les susdites notions génériques, c'est-à-dire les notions plus hautes que toutes les notions renfermées dans les différentes sciences juridiques spéciales, en d'autres termes il est nécessaire de créer aussi le savoir juridique scientifique relativement à ces notions. L'acquisition du savoir juridique spécial renfermé dans les différentes sciences juridiques spéciales ne représente donc pas la fin de l'acquisition du savoir juridique scientifique, l'épuisement de l'activité juridique scientifique.

Le savoir scientifique relatif aux susdites notions génériques des institutions juridiques peut naturellement être acquis par la même méthode, par laquelle est acquis le savoir juridique spécial lui-même. Cette méthode c'est la *synthèse* du savoir juridique spécial, et ce sera la synthèse du savoir spécial relatif aux notions *fondamentales* de chacune des sciences juridiques spéciales. Cette synthèse apparaît donc comme la *continuation* de la synthèse faite par les sciences juridiques spéciales, et elle est par suite de caractère *empirique*, et non pas transcendantal (comme par exemple la synthèse des écoles de droit naturel et de droit rationnel ou de l'école hégélienne). Son but c'est la *généralisation* du savoir spécial relatif aux institutions juridiques, et son moyen la soi-disant *abstraction généralisatrice* (1). Elle doit par conséquent être désignée comme synthèse juridique *supérieure* à la différence de la synthèse juridique spéciale, c'est-à-dire de la synthèse des sciences juridiques spéciales.

Dans la synthèse du savoir spécial relatif aux institutions juridiques on doit conformément à ce qui a été dit distinguer deux degrés conceptionnels. En effet on a d'un côté à faire la synthèse *suprême*, dernière du savoir juridique spécial ci-dessus mentionné, c'est-à-dire la synthèse du savoir spécial entier relatif aux institutions juridiques. Et d'autre part on a à faire toutes les synthèses *intermédiaires* supérieures du savoir juridique spécial ci-dessus mentionné, c'est-à-dire les synthèses de tous les groupes similaires des sciences juridiques spéciales. Ou inversement on pourrait faire en premier lieu celles-ci, et ensuite la première. Dans ce cas la synthèse suprême généraliserait les notions juridiques obtenues par les synthèses intermédiaires, et naturellement par là même les notions juridiques acquises par les sciences juridiques spéciales.

2. Après avoir terminé l'activité juridique synthétique *supérieure*, notre savoir relatif aux institutions juridiques apparaîtra comme réparti entre les *trois* cercles suivants des systèmes des notions juridiques hiérarchiquement ordonnés suivant leur degré conceptionnel :

a) Il y aura d'abord des systèmes *spéciaux* des notions juridiques, c'est-à-dire des sciences juridiques *spéciales*.

b) Puis il y aura des systèmes *supérieurs* des notions juridiques dont chacun représentera la synthèse du savoir renfermé dans tel

(1) « L'abstraction généralisatrice consiste, dit WUNDT (Logik, 1894, 2 [Methodenlehre], p. 13), en ce que dans un certain nombre d'objets ou de faits (c'est-à-dire ici des notions fondamentales des sciences juridiques spéciales particulières) soumis à l'analyse comparée on néglige les caractères qui varient d'un cas individuel à l'autre, à l'effet de retenir certains caractères communs à tout le groupe et de les prendre pour éléments d'une notion générale ».

ou tel autre groupe des sciences juridiques *spéciales*. Ces systèmes apparaîtront donc comme sciences juridiques *supérieures*.

c) Enfin il existera un système *suprême* des notions juridiques, en d'autres termes un système des notions juridiques *suprêmes* ou *fondamentales*, notions suprêmes des institutions juridiques.

II. — Les systèmes *supérieurs* des notions juridiques et le système *suprême* peuvent et doivent être désignés comme systèmes juridiques *synthétiques* à la différence des systèmes des sciences juridiques spéciales, donc des systèmes *spéciaux* (v. § 1, III). Il est vrai que les sciences juridiques spéciales apparaissent elles aussi comme *synthèse*, c'est-à-dire que leurs systèmes sont également de caractère synthétique (v. I). Mais il est superflu de les qualifier elles aussi de *synthétiques*, puisqu'aucune d'elles n'apparaît comme la synthèse de certaines autres sciences juridiques inférieures, et leur caractère synthétique relativement à la méthode du travail va de soi. Ceci n'est cependant pas le cas avec les systèmes juridiques supérieurs ci-dessus mentionnés. Etant donné qu'ils sont les synthèses des autres sciences juridiques, on doit les qualifier expressément de synthétiques pour la raison qui s'applique en général aux systèmes scientifiques *supérieurs* (v. § 1, III). A savoir il est *a priori* possible de parler purement et simplement d'un arrangement *systématique* des notions *fondamentales* des sciences juridiques spéciales, c'est-à-dire d'un arrangement de ces notions, *sans* les soumettre elles aussi à la synthèse supérieure, en d'autres termes sans construire *leurs* notions génériques. Et en effet un pareil arrangement est fait par la partie dite matérielle des différentes encyclopédies du droit (v. § 16, III, 2). C'est pourquoi si l'on veut éviter la confusion qui pourrait apparaître sur le caractère *synthétique* des systèmes *supérieurs* des notions juridiques, il est nécessaire de qualifier ces systèmes expressément comme systèmes *synthétiques*. Leur qualité synthétique peut également être exprimée, si on les désigne comme systèmes d'*unification* des savoirs juridiques scientifiques conceptionnellement inférieurs (v. § 1, III).

III. — 1. Jusqu'ici nous n'avons pris en considération que la synthèse du savoir spécial, relatif aux institutions juridiques, renfermé dans les sciences juridiques spéciales. Il y a cependant aussi une autre espèce de synthèse juridique *supérieure*. En effet, ainsi que la science en général (v. § 1, IV), chaque science juridique peut être considérée à deux points de vue : 1. d'abord en tant qu'elle est *science* d'une espèce *déterminée* ; 2. puis par rapport à son contenu, en d'autres termes par rapport à ses *objets*. Quand on l'envisage au premier point de vue, on aboutira à une science de cette science. De cette façon chaque science juridique, spéciale aussi bien que synthétique, a *sa* science, c'est-à-dire est l'objet d'une science *particulière*. Ces sciences nous les appelons, comme il a été dit, sciences spéciales des sciences juridiques (v. § 5, II, 1).

Mais les sciences spéciales des sciences juridiques ne représentent pas tout le savoir scientifique possible relativement à leurs objets considérés en *bloc*, c'est-à-dire eu égard à leur rapport conceptionnel mutuel, de même que les sciences juridiques spéciales elles non plus ne représentent pas tout le savoir scientifique possible relativement aux institutions juridiques (v. I, 1). En effet quand on considère les sciences juridiques dans leur rapport mutuel, on s'aperçoit qu'il existe entre elles des *relations conceptionnelles*, c'est-à-dire que certains *groupes* d'entre elles peuvent être réduits aux genres communs, et qu'elles *toutes* en bloc peuvent être réduites à un genre commun. Puisque de cette façon les savoirs renfermés dans les sciences spéciales des sciences juridiques ne représentent pas tout le savoir scientifique possible, on doit continuer les synthèses faites par les sciences spéciales des sciences juridiques pour déterminer ainsi les genres supérieurs ci-dessus mentionnés des sciences juridiques et leur genre commun suprême. C'est seulement lorsqu'on aura déterminé ceux-ci que nous aurons l'entier savoir scientifique possible relativement aux sciences juridiques. La synthèse qui aboutira à ce savoir apparaît comme une synthèse *supérieure* par rapport à la synthèse des sciences spéciales des sciences juridiques, et elle se divise en synthèses intermédiaires et en synthèse suprême (v. I, 1).

2. Après avoir achevé la synthèse suprême et les synthèses intermédiaires du savoir spécial renfermé dans les sciences spéciales des sciences juridiques, notre savoir relatif aux sciences juridiques considérées comme sciences nous apparaîtra sous la forme des trois cercles suivants des sciences des sciences juridiques :

a) Il existera d'abord des sciences des sciences juridiques spéciales aussi bien que synthétiques (v. I), donc des sciences *spéciales* des sciences juridiques, systèmes des notions de cette espèce conceptionnellement les plus basses.

b) Puis il y aura des sciences *supérieures* des sciences juridiques. Elles représenteront les synthèses de tel ou tel autre groupe des sciences *spéciales* similaires des sciences juridiques, c'est-à-dire du savoir renfermé dans celles-ci.

c) Enfin il y aura une science *suprême* des sciences juridiques. Celle-ci représentera la synthèse de toutes les sciences spéciales des sciences juridiques ou en d'autres termes de toutes les sciences supérieures (v. *b*) des sciences juridiques. Elle doit, ainsi que celles précédentes (v. *b*), être qualifiée expressément comme science *synthétique* des sciences juridiques, contrairement aux sciences spéciales des sciences, pour la même raison qui s'applique aux sciences juridiques supérieures et à la science juridique suprême (v. II).

§ 7. — Etat des sciences juridiques spéciales et des sciences spéciales des sciences juridiques considérées au point de vue de la formation synthétique de leurs systèmes.

I. — Puisque chaque science juridique spéciale ainsi que chaque science spéciale des sciences juridiques doit être d'après son contenu un *système* de notions déterminées pour pouvoir apparaître comme une science (v. § 1, I), on pourrait *a priori* prendre comme quelque chose qui va de soi que la littérature juridique existante consacrée aux sciences ci-dessus mentionnées satisfait cette exigence. Et elle y satisfera non pas par le fait même qu'elle renfermerait en elle les *systèmes* des notions *en général*, mais seulement, si ces systèmes sont de caractère *synthétique*, car c'est seulement en ce cas qu'on peut parler des *véritables* systèmes des notions. A savoir la véritable systématisation des notions consiste dans la coordination des notions de même degré conceptionnel associée avec la subordination des notions coordonnées de degré conceptionnel inférieur aux notions coordonnées de degré conceptionnel supérieur et enfin aux notions coordonnées de degré conceptionnel suprême, c'est-à-dire aux notions fondamentales ou à la notion fondamentale de la science en question. C'est seulement une telle systématisation des notions qui peut être une systématisation *synthétique*, formation synthétique des systèmes des notions. Elle exige aussi, comme il a été déjà (§ 1, I) dit, que l'exposé de chaque science soit divisé en deux parties, partie *générale*, consacrée au système des notions fondamentales de cette science, et partie *spéciale*, consacrée au système de ses autres notions, subordonnées aux premières.

Lorsqu'on étudie cependant la littérature ci-dessus mentionnée, il est facile de remarquer une grande imperfection à l'égard de la formation *synthétique* des systèmes des notions dans les sciences juridiques spéciales, ainsi que, et plus encore, dans les sciences spéciales des sciences juridiques. Cet état il est nécessaire de le faire ressortir ici pour voir à quelles difficultés se heurtera la synthèse juridique supérieure (§ 6) et pour expliquer, pourquoi il n'existe pas encore une philosophie juridique *synthétique*, et pourquoi même l'idée n'en existe pas.

1. Les sciences des sciences juridiques n'existent pas encore en réalité. Il est vrai que dans certains ouvrages on essaie de déterminer aussi la notion de la science juridique à laquelle ils sont consacrés, mais on ne le fait qu'incidemment dans l'introduction et on n'a pas conscience que les théories elles aussi des sciences juridiques elles-mêmes doivent constituer des sciences autonomes (v. §§ 3 et 8, I).

2. Et dans les ouvrages consacrés aux sciences juridiques spéciales on a souvent à la vérité formé des systèmes des *notions* de leurs institutions juridiques. Mais ces notions ne sont pas, d'ordinaire, formées par la *synthèse* conceptionnellement *graduelle* susindiquée, c'est-à-dire on n'a pas d'abord formé les notions coordonnées infimes des institutions juridiques de ces sciences, puis les notions coordonnées supérieures auxquelles les premières sont directement subordonnées et ainsi de suite jusqu'aux notions coordonnées suprêmes de chaque science respective, notions dites *fondamentales* dont l'exposé constituerait la partie *générale* de la science en question. Les systèmes de ces ouvrages se fondent au contraire tout simplement sur le caractère arbitrairement, insynthétiquement déterminé de plus ou moins grande *généralité* des notions particulières. C'est pourquoi leurs parties *générales* n'apparaissent pas comme systèmes de notions *fondamentales*, mais comme systèmes de « notions ou principes *généraux* », c'est-à-dire notions qui paraissent à l'auteur *communes* aux différentes doctrines de la partie spéciale sans tenir compte, si telle ou telle d'entre elles apparaît comme une notion à laquelle *toutes* les notions correspondantes de la partie spéciale sont subordonnées, c'est-à-dire comme une notion fondamentale. Les systèmes des sciences juridiques spéciales respectives renfermés dans la littérature existante ne sont donc pas des systèmes synthétiques, et ne sont par conséquent pas des systèmes véritablement scientifiques.

a) En considérant les sciences spéciales qui étudient les trois branches du droit *public*, ce qu'on vient de dire s'applique surtout au Droit international public et au Droit administratif, et un peu moins au Droit constitutionnel. Dans les sciences spéciales du droit *privé* cela s'applique particulièrement au Droit commercial et au Droit international privé, et un peu moins au Droit civil.

b) Pour ce qui est du Droit criminel c'est la seule science juridique spéciale dans laquelle on soit arrivé à un système synthétique plus ou moins parfait. Soit que l'on considère comme ses objets, seulement les *délits* et les *peines* (doctrine traditionnelle), soit que l'on considère, comme nous le faisons, comme ses objets autonomes, à côté des délits et des peines, les *délinquants* eux aussi (système de *trichotomie* ou tripartite) (1), les manuels et systèmes consacrés à cette science se divisent toujours en deux parties, une *générale*, destinée à ses notions *fondamentales*, et une *spéciale*, destinée aux notions des différents délits et peines, d'après le système tripartite aux notions des différents délits, délinquants et peines.

II. — Lorsqu'il s'agit de l'état des sciences juridiques spéciales et des sciences spéciales des sciences juridiques considérées au point de vue de la formation *synthétique* des systèmes des notions, on doit parler à part de la littérature *anglaise* juridique, parce qu'elle se trouve au point de vue mentionné beaucoup plus bas que la littérature continentale.

Les seuls travaux juridiques en Angleterre qui puissent être considérés comme plus ou moins égaux aux travaux continentaux au point de vue ci-dessus mentionné sont les travaux du domaine de la soi-disant « *Science juridique générale*, Jurisprudence » (general Jurisprudence) et du *Droit international public*. Parmi les auteurs des travaux de la première espèce il y en a qui ont remarqué l'état rudimentaire des sciences juridiques anglaises au point de vue synthétique et qui l'ont courageusement constaté et blâmé. Parmi ceux qui ont montré le plus de sagacité dans ces constatations nous citerons surtout *Markby*, puis *Holland*. Leurs constatations dessinent si clairement l'état des sciences juridiques anglaises qu'il suffit de les reproduire pour constater l'absence non seulement du caractère synthétique de leurs systèmes, mais aussi de la formation scientifique des notions des institutions juridiques.

1. Pour faire connaître le point de vue de l'étude du droit sous

---

(1) V. sur le système tripartite (déjà dominant) notre article « Le système tripartite du Droit criminel, ses répercussions dans la littérature et dans la législation et son application dans le Droit délictuel en général et dans la morale délictuelle », paru dans la Revue internationale de Droit pénal, vol. 3 (1926), p. 67 et suiv.

lequel il a écrit son ouvrage *Eléments du droit* (1), et l'usage particulier auquel il veut qu'il serve, *Markby* tient pour nécessaire de faire ressortir « que jusqu'il y a peu de temps la seule étude du droit connue en Angleterre était la préparation à la pratique réelle de la profession, que l'on acquérait par le service dans les bureaux d'un *barrister* ou *pleader* ». Pour acquérir l'art professionnel, dit-il, on s'est contenté d'apprendre les prescriptions juridiques, savoir « qui sera toujours mieux acquis dans le bureau d'un *barrister* que dans le cabinet d'un professeur ». « Les universités avaient presque complètement cessé d'enseigner le droit ; et il n'y avait nulle part en Angleterre une faculté ou un corps scientifique qui se fût occupé de la profession d'enseigner le droit d'après une méthode *systématique.* Il n'y avait pas non plus de personnes désireuses d'apprendre le droit suivant cette méthode. L'habileté judiciaire, habileté dans l'art de rédiger les documents judiciaires et habileté dans les conseils donnés aux clients était tout ce à quoi l'on pensait ou tout ce que l'on apprenait, par un procédé d'imitation très semblable au procédé d'après lequel un apprenti apprend le métier ou un élève le jeu ». Et parmi les ouvrages juridiques c'est à peine s'il y en a un qui soit écrit suivant la méthode systématique. A part deux ou trois exceptions, dit *Markby*, « qui n'occupent cependant que très peu de terrain », tous ces ouvrages appartiennent « à la période de l'étude du droit anglais qui se perd actuellement » et « ne sont adaptés qu'au but d'aider l'acquisition de l'habileté professionnelle ». Cela a été la fin que les maîtres et élèves ont jusqu'à présent eu en vue constamment et exclusivement.

Ce n'est cependant pas suffisant, relève *Markby*, et cela non seulement au point de vue scientifique, mais même pour l'acquisition de l'habileté professionnelle. « Je suis un de ceux qui sont convaincus que l'habileté en question sera, sinon poussée à un degré plus haut que celui qu'on a atteint jusqu'à présent, du moins plus facilement acquise en vertu d'une préparation et d'un approfondissement tels que l'université est capable de les donner ». Et la préparation et la connaissance approfondie qu'une université est, soit capable, soit désireuse de donner ne peuvent être que la préparation et la connaissance approfondie du droit « considéré comme *science* » ; ou au moins, dit-il naïvement, si ce n'est pas encore pos-

(1) Elements of Law (considered with reference to Principles of General Jurisprudence, Oxford, 1871, 6e éd., 1905).

sible, « du droit considéré comme ensemble des principes susceptibles d'être arrangés systématiquement et de reposer non pas sur l'autorité pure et simple, mais sur une saine déduction logique, dont il faudrait marquer et expliquer toutes les déviations existant dans le système actuel ». En d'autres termes, dit-il, le droit doit être étudié à l'université, « non pas simplement tel qu'il est sorti des exigences sociales, mais dans ses rapports généraux envers les différentes parties du même système, et envers les autres systèmes ». Toute la règle juridique doit être mise à sa place véritable dans le système, et il faut marquer ses rapports envers les autres parties du système auquel elle appartient ; le droit existant n'est donc que le matériel brut sur lequel l'étudiant doit commencer son travail. Ceci exigera, dit-il, la comparaison avec les institutions analogues des autres pays dans le but de voir dans quelle mesure la règle est une « déduction des principes juridiques qui sont généralement considérés commo universels, et dans quelle mesure elle nous est propre à nous-mêmes ». Dans ce but une certaine connaissance du droit romain pourra être « au moins désirable, si elle n'est pas absolument nécessaire », « car les principes de ce droit et ses expressions techniques ont eu une forte influence sur notre propre droit aussi bien que sur le droit de tout autre pays ». *Markby* remarque que « comme conséquence nécessaire de ces réclamations répétées d'une éducation systématique dans le droit » les universités d'Oxford, Cambridge et Londres ont pris des mesures efficaces pour reconstruire l'étude du droit comme partie de leurs cours. Mais il faudra, dit-il, beaucoup de temps pour recueillir les règles juridiques anglaises disséminées et les discuter en bon ordre dans un ouvrage systématique. Les deux ou trois premières générations de ceux qui s'occuperont de l'étude du droit suivant la nouvelle méthode trouveront sans doute que c'est « une grosse difficulté sur leur route » (1).

2. Dans son ouvrage *Eléments de la science de droit* (jurisprudence) (2) *Holland* relève également l'absence « d'une méthode systématique » dans l'étude du droit en Angleterre (3). « On peut affirmer, dit-il, sans être injuste ni envers *Bentham* ni envers *Austin* que les ouvrages consacrés au système légal et publiés par les auteurs anglais ont été jusqu'à présent *singulièrement insystématiques* ». La nomenclature juridique est une mosaïque de langues, et le droit lui-même

(1) Introduction, IX-XII.

(2) The Elements of Jurisprudence, Oxford, 1880 (5e éd., 1890).

(3) Préface, V-VIII.

« tel qu'il est exposé par *Coke* et *Blackstone*, sauf en tant qu'il a été déduit, avec beaucoup d'exactitude logique, de la théorie de la possession féodale, est à peine quelque chose de plus qu'un ensemble de règles isolées, rattachées les unes aux autres, si elles le sont, seulement par le fil léger de l'analogie ». Puis *Holland* remarque que « dans les dernières années « il y a eu » des signes du changement dans l'habitude mentale des juristes anglais ». « L'aversion pour les vues généralisatrices et l'*indifférence* pour les *façons étrangères de penser* ne peuvent plus être désignées comme des caractéristiques nationales ». Il attribue ce changement « en partie à la renaissance de l'étude du droit romain, en partie à l'extension croissante des rapports avec la vie et la littérature continentales, en partie à des recherches du genre de celles de *Sir H. Maine* sur l'origine des idées juridiques, mais principalement aux ouvrages de *Bentham* et *Austin* ».

3. L'absence d'une élaboration scientifique du droit en Angleterre est relevé aussi par un troisième professeur de droit, *Polock* (1). On a manqué, dit-il, d'un exposé systématique du droit anglais. La littérature juridique manque « étrangement de concision » et elle est « organisée partiellement sur de faux systèmes et pour une part plus grande encore sans aucun système », de sorte qu'elle représente « un chaos de détails dispersés » et que le droit anglais « suivant l'opinion de tous ceux qui y ont sérieusement réfléchi sent douloureusement le besoin d'un auteur qui l'exposera d'une façon systématique ».

§ 8. — Nécessité de considérer les deux espèces de la synthèse supérieure du savoir juridique scientifique spécial comme deux philosophies juridiques synthétiques autonomes, philosophie du droit (des institutions juridiques) et philosophie des sciences juridiques.

I. — Les objets des deux espèces exposées plus haut (v. § 6) de la synthèse supérieure du savoir juridique scientifique spécial se distinguent qualitativement, c'est-à-dire *génériquement* les uns des autres de même que les objets des deux espèces de la synthèse des

(1) POLLOCK, Essays in Jurisprudence and Ethic, London, 1882, v, p. 6-9 ; LIGHTWOOD, The nature of positive law, London, 1883, 1 et suiv. ; MILLER, Lectures on the Philosophy of Law, p. 1 et suiv. ; DICEY, Can English Law be thaught in the Universitys, 1883, s'expriment eux aussi dans ce sens

sciences en général (v. § 3). Comme il est exposé plus haut (v. § 6), la première espèce de la synthèse supérieure a pour objet le savoir spécial relatif aux institutions juridiques, *objets* des sciences juridiques spéciales (§ 5), c'est-à-dire le savoir renfermé en celles-ci, leur contenu, tandis que l'autre espèce a pour objet le savoir spécial relatif aux *sciences* juridiques *elles-mêmes*, c'est-à-dire considérées en tant qu'elles sont une espèce de la science. Et il est évident que l'on ne peut pas confondre les *sciences* juridiques *elles-mêmes* avec *leurs objets*, c'est-à-dire que l'on ne peut pas admettre que ceux-ci embrassent les sciences juridiques elles aussi et inversement. Il s'ensuit qu'il est impossible de considérer les résultats de la deuxième synthèse comme parties intégrantes de la science renfermant les résultats de la première synthèse, comme c'est le cas avec les différentes philosophies ou théories générales actuelles du droit (v. § 14), ou inversement.

II. — De cette façon la synthèse du savoir juridique scientifique spécial doit se faire par deux ordres parallèles de sciences, c'est-à-dire que les deux espèces de la synthèse ou unification supérieure du savoir juridique scientifique spécial, correspondant aux deux espèces de ce savoir, exposées dans le § 6, doivent être considérées comme constituant *deux* sciences juridiques synthétiques *différentes*, donc indépendantes l'une de l'autre.

1. D'un côté il doit donc exister une science synthétique ayant pour *objets* les *genres* synthétiques communs des *objets* des sciences juridiques spéciales, c'est-à-dire les genres supérieurs aux notions fondamentales de ces sciences. Ce sera la science ou philosophie synthétique des objets des sciences juridiques spéciales, c'est-à-dire (v. § 5, I) des *institutions juridiques*. Elle s'appelle communément philosophie du « *droit* ». Nous nous servirons également du terme de philosophie du « *droit* » en raison de sa brièveté, en comprenant par le terme de « droit » non pas naturellement le droit dans le sens logique, c'est-à-dire comme notion, car il n'est pas la seule notion juridique fondamentale (v. *a*), mais le droit dans le sens *encyclopédique*, c'est-à-dire comme l'ensemble des prescriptions juridiques. En effet les institutions juridiques sont renfermées dans les prescriptions juridiques, et par conséquent la synthèse de celles-là apparaît comme la synthèse du contenu de celles-ci. Pour cette raison il revient donc au même de dire « philosophie des institutions juridiques » ou « philosophie du droit ». Sur l'attribut de « synthétique », v. § 8, III, 5.

Conformément aux deux degrés conceptionnels ci-dessus mentionnés (§ 6, I, 2) de la synthèse supérieure du savoir spécial relatif aux institutions juridiques, cette philosophie doit être divisée en *deux parties*, partie *générale* et partie *spéciale* :

a) La partie générale c'est celle qui représente la synthèse *suprême* des institutions juridiques, du « droit ». Les genres communs auxquels se réduisent *toutes* les institutions juridiques, les notions *juridiques fondamentales* (v. § 1, I) sont donc ses objets. Elle apparaît ainsi comme science ou théorie ou philosophie *générale* synthétique des institutions juridiques, du « droit ». Mais l'appellation « science ou philosophie synthétique des institutions juridiques ou du droit » implique déjà en elle-même que la discipline en question a pour objets les notions *juridiques suprêmes*, c'est-à-dire qu'elle représente la synthèse appliquée à *toutes* les institutions juridiques, au « droit » entier, la synthèse *générale* et par suite à ce point de vue il ne serait pas indispensable d'ajouter à l'appellation en question l'attribut de « générale ».

b) La partie *spéciale* c'est celle qui représente les synthèses *intermédiaires* des institutions juridiques, c'est-à-dire les synthèses de tel ou tel autre groupe des institutions juridiques, du « droit ». Ces disciplines synthétiques intermédiaires ont donc pour objets les genres communs de *tel ou tel autre groupe* des institutions juridiques. Elles apparaissent ainsi comme sciences ou théories ou philosophies *synthétiques spéciales* des *institutions juridiques*, du « *droit* ». L'attribut de « spéciales » ne peut être rejeté comme superflu que si l'on détermine le groupe des institutions juridiques que l'on a en vue.

2. D'un autre côté il doit exister une science juridique synthétique ayant pour *objets* les *genres* des *sciences* juridiques spéciales et synthétiques considérées comme *sciences* d'une espèce *déterminée*, c'est-à-dire comme sciences juridiques. Ce sera donc la science ou philosophie synthétique des sciences *juridiques* (v. § 3, II, 2). Conformément aux deux degrés conceptionnels ci-dessus mentionnés (§ 6, III, 2) de la synthèse supérieure des objets en question, cette philosophie juridique synthétique doit également être divisée en *deux parties*, partie *générale* et partie *spéciale* :

a) La partie *générale* est celle qui représente la synthèse *suprême* des sciences juridiques considérées comme sciences. Le genre *commun* de celles-ci, à savoir la notion juridique (v. § 6) est donc son objet. Elle apparaît ainsi comme la science ou la philosophie synthétique *générale* des sciences juridiques, ou, en rejetant comme superflu l'attribut de générale » » (v. 1 *a*), comme la *science* ou la *philosophie synthétique des sciences juridiques* (ou *de la science du droit*, si l'on comprend ce terme dans le sens *encyclopédique*, c'est-à-dire comme l'ensemble des sciences juridiques).

b) La partie *spéciale* est celle qui représente les synthèses *intermédiaires* des sciences juridiques considérées comme sciences, c'est-à-dire les synthèses de tel ou tel autre groupe des sciences juridiques spéciales et synthétiques. Ces disciplines intermédiaires ont donc pour objets les genres communs de *tel ou tel autre groupe* des sciences juridiques. Elles apparaissent ainsi comme les sciences ou les philosophies synthétiques *spéciales* des *sciences juridiques*. L'attribut des « spéciales » ne peut ici encore être rejeté comme superflu que si l'on détermine le groupe des sciences juridiques que l'on a en vue.

§ 9. — Notion de la philosophie juridique synthétique, genre commun de la philosophie du droit et de la philosophie des sciences juridiques.

I. — La philosophie synthétique du droit et la philosophie synthétique des sciences juridiques ont pour *genre* (genus) *commun* la notion de *philosophie* (ou *science*) *juridique synthétique*. Ce qui existe en réalité comme sciences, ce sont naturellement ces deux philosophies, tandis que la philosophie juridique synthétique existe seulement abstraitement, seulement comme leur *notion générique commune*, de même que par exemple n'existent en réalité que les illicites privé et criminel, et au contraire l'illicite en tant que leur notion générique commune n'a qu'une existence abstraite.

II. — 1. De même que la théorie relative aux illicites devrait se diviser en deux parties, l'une *générale* ayant pour objet l'illicite comme notion *générique*, et l'autre *spéciale* ayant pour objet les différentes espèces de l'illicite, privé, criminel etc., de même la science des deux philosophies juridiques synthétiques ci-dessus mentionnées, c'est-à-dire de la philosophie synthétique du droit et de la philosophie synthétique des sciences juridiques, devrait être divisée en deux parties, l'une *générale* ayant pour objet la philosophie juridique synthétique comme notion *générique*, et l'autre *spéciale* ayant pour objet les *deux espèces ci-dessus mentionnées* de la philosophie juridique synthétique. Dans la partie *générale* seraient donc étudiés les éléments des notions des deux philosophies juridiques synthétiques, qui leur sont communs, dont l'ensemble constitue par suite leur notion générique commune, leur genre prochain (le genus proximum), c'est-à-dire la philosophie juridique synthétique. Et dans la partie *spéciale* seraient étudiés les éléments desdites notions qui ne leur sont pas communs, qui les distinguent donc l'une de l'autre (les differentia specifica), et qui associés avec les éléments communs constituent respectivement la notion de l'une et de l'autre.

2. En réalité cependant, cette division en parties générale et spéciale n'apparaît pas comme la division d'une *seule* et *même* science en parties générale et spéciale, quand on se rappelle ce qui a été dit au § 8, II, 2 sur la notion de la philosophie ou science *synthétique* des sciences juridiques, de même du reste que la division de la théorie relative aux illicites, en parties générale et spéciale, invoquée à titre d'exemple, n'apparaît pas elle non plus comme la division d'une seule et même science, quand on a considéré la notion de la philosophie *synthétique* du droit. En effet la science qui traite du genre prochain commun des deux philosophies juridiques synthétiques apparaît comme une science *synthétique* par rapport aux sciences relatives à l'une et l'autre de ces deux philosophies prises à part qui présentent un caractère *spécial*, par suite elle apparaît comme une *philosophie* spéciale des sciences juridiques, en d'autres termes comme une partie de la partie *spéciale* de la philosophie des sciences juridiques (§ 8, II, 2 *b*), et non pas comme partie intégrante d'une science dont les sciences relatives à la philosophie du droit et à la philosophie des sciences juridiques seraient elles-mêmes des parties (spéciales). La science de la philosophie synthétique juridique, c'est-à dire du genre prochain commun de la philosophie du droit et de la philosophie des sciences juridiques apparaît donc comme une science *autonome* vis-à-vis des sciences de chacune de ces philosophies. Elle est la science *synthétique*, c'est-à-dire la *philosophie* de la philosophie du droit et de la philosophie des sciences juridiques, par rapport aux théories relatives à chacune de ces deux philosophies prises à part qui sont sciences ordinaires, c'est-à-dire *spéciales*. C'est pourquoi elle doit être exposée à part, et non pas comme partie intégrante d'une discipline dont elle constituerait la partie générale et les deux autres la partie spéciale.

Conformément à ce qui a été dit, ce livre renferme la science *synthétique* ou la *philosophie* (synthétique) de la philosophie du droit et de la philosophie des sciences juridiques, c'est-à-dire que dans ce livre se trouve étudié le genre prochain commun de ces deux philosophies, et c'est, comme il a été dit, la philosophie juridique synthétique. C'est pourquoi son titre doit être : *la science (philosophie) synthétique de la philosophie du droit et de la philosophie des sciences juridiques*, ou plus brièvement, *la science de la philosophie juridique synthétique.* Puisqu'elle apparaît comme prolégomènes de la philosophie du droit et de la philosophie des sciences juridiques, dans leur partie *générale* aussi bien que dans leur partie *spéciale*, on peut l'appeler aussi « *les prolégomènes généraux* ».

III. — La notion de la *philosophie juridique synthétique* est déjà implicitement déterminée dans les §§ 7 et 8. Elle est la *synthèse* (1°) du *savoir juridique spécial* (2°), c'est-à-dire du savoir renfermé dans les sciences juridiques spéciales et dans les sciences des sciences juridiques, puisque ces deux (1° et 2°) caractéristiques (1° la synthèse et 2° la synthèse du savoir juridique spécial) constituent les éléments communs des notions de la philosophie du droit et de la philosophie des sciences juridiques (v. le § 7 pour le premier, le § 5, II, 3 pour le deuxième élément). C'est la notion *dynamique* de la philosophie juridique synthétique (v. § 1, I, 1 et § 3, IV *b*), c'est-à-dire sa notion en tant que la *synthèse*, et par suite elle-même, est considérée comme une *activité* déterminée, donc comme une synthétisation. Mais c'est à la fois aussi sa notion *statique* (v. § 1, I, 1 et § 3, IV *b*), c'est-à-dire sa notion en tant que la *synthèse*, et par suite elle-même, se trouve considérée comme le *résultat définitif* de ladite activité.

Ladite définition considérée comme statique est nécessaire pour faire ressortir le caractère *synthétique* de notre philosophie juridique, c'est-à-dire de la philosophie du droit et de la philosophie des sciences juridiques, par rapport aux directions existantes, *non*-synthétiques de « philosophie du droit » (v. la section III). Et si l'on ne veut pas faire ressortir ceci, la philosophie juridique synthétique peut alors au point de vue *statique* être définie de la même façon que la science juridique et la science en général (v. § 1, I), en faisant ressortir seulement sa caractéristique spéciale. En effet elle est le *système* (1°) des *notions synthétiques (supérieures) de caractère juridique* (2°), puisque ces deux (1° et 2°) caractéristiques sont les éléments communs aux notions de la philosophie du droit et de la philosophie des sciences juridiques. L'une et l'autre de ces deux philosophies sont des *systèmes* scientifiques et toutes les deux sont des systèmes des *notions synthétiques* de caractère *juridique* (v. § 6, II, 2 et § 7).

1. De la première notion, notion *dynamique-statique*, de la philosophie juridique synthétique il résulte que cette philosophie est : 1° une des espèces de la *synthèse* du savoir juridique scientifique, 2° qu'elle est la synthèse du savoir juridique *spécial*, par suite la synthèse juridique *supérieure*, c'est-à-dire la synthèse conceptionnellement supérieure à la synthèse des sciences juridiques spéciales et des sciences des sciences juridiques. De ces deux éléments de ladite philosophie il résulte qu'elle est : 1° une espèce de la *philosophie* (v. sur ceci § 11), 2° et en même temps une espèce de la science *juridique* (v. sur ceci § 12). L'un et l'autre s'applique naturellement aussi à ses deux espèces : à la philosophie du droit et à la philosophie des sciences juridiques.

2. De la deuxième notion, notion *statique*, de la philosophie juridique synthétique il résulte que cette philosophie est : 1° une espèce du *système* des notions de caractère juridique, 2° qu'elle est le système des notions *synthétiques*, par suite le système juridique *synthétique*, c'est-à-dire le système conceptionnellement supérieur aux systèmes des sciences juridiques spéciales et des sciences des sciences juridiques. De ces deux éléments de ladite philosophie il résulte également qu'elle est : 1° une espèce de la philosophie (v. sur ceci § 11), 2° et en même temps une espèce de la science juridique (v. sur ceci § 12). L'un et l'autre s'applique naturellement aussi à ses deux espèces : à la philosophie du droit et à la philosophie des sciences juridiques.

IV. — Des deux notions ci-dessus mentionnées de la philosophie juridique synthétique il résulte que la distinction de cette philosophie en *deux espèces*, en philosophie du droit et en philosophie des sciences juridiques, se base sur la qualité du *deuxième* élément de ladite philosophie et de ses deux espèces : à savoir, au point de vue dynamique-statique (v. III, 1), sur la *qualité* du savoir juridique spécial ou bien, au point de vue statique (v. III, 2), sur la *qualité* des notions synthétiques de caractère juridique. Le savoir juridique spécial apparaît dans la philosophie *du droit* comme le savoir relatif aux *institutions juridiques*, et dans la philosophie des *sciences juridiques* comme le savoir relatif aux *sciences juridiques elles-mêmes* ; ou, les notions synthétiques de caractère juridique apparaissent dans la *première* comme les notions *génériques* des *institutions juridiques*, supérieures aux soi-disant notions fondamentales des sciences juridiques spéciales, et dans la *deuxième* comme les notions *génériques* des *sciences juridiques elles-mêmes*.

Mais par cette détermination elle-même de la qualité du savoir juridique spécial, lequel doit être synthétisé par la philosophie du droit et par la philosophie des sciences juridiques, il est seulement établi que le savoir spécial renfermé dans l'une se distingue qualitativement (comme une espèce) du savoir spécial renfermé dans l'autre, et que les notions synthétiques de l'une se distinguent qualitativement (génériquement, v. § 8, I) des notions synthétiques de l'autre. Pour déterminer cependant complètement la qualité de l'un et de l'autre savoir juridique spécial, il est nécessaire de déterminer leur essence telle qu'elle apparaît, quand on les considère *chacun* en *lui-même*, et non pas dans leur rapport mutuel. Et cette essence sera déterminée, quand on déterminera la qualité des institutions juridiques telles qu'elles apparaissent dans les sciences juridiques spéciales, et la qualité des sciences juridiques telles qu'elles apparaissent dans les sciences qui les étudient.

Mais lorsqu'on aura complètement déterminé de la façon ci-dessus mentionnée la qualité des deux espèces du savoir juridique spécial il restera encore à résoudre la question de savoir, si *l'entier* savoir spécial relatif aux institutions juridiques, renfermé dans les sciences juridiques spéciales, et *l'entier* savoir spécial relatif aux sciences juridiques, renfermé dans les sciences spéciales qui les étudient, doit être *synthétisé* par la philosophie du droit et par la philosophie des sciences juridiques, ou bien au contraire si cette synthétisation doit s'appliquer *seulement à certaines espèces* de ces savoirs. En d'autres termes, il reste à déterminer *l'étendue* des deux espèces de la philosophie juridique synthétique. Ainsi, pour ce qui est de la philosophie du droit, il faut, par exemple, résoudre la question de savoir, si elle doit synthétiser seulement le savoir relatif au *contenu* (matière, substance) ou bien aussi le savoir relatif à la *forme* des institutions juridiques ; si elle doit synthétiser seulement le savoir relatif aux institutions juridiques telles *qu'elles sont* dans le droit *positif* ou bien aussi le savoir relatif aux institutions juridiques telles *qu'elles doivent être* sans avoir égard au droit *positif*, c'est-à-dire le savoir relatif aux institutions juridiques *en elles-mêmes* (les doctrines de droit naturel et de droit rationnel) ; si elle doit synthétiser seulement le savoir relatif aux institutions du droit *positif* acquis par l'observation de ces institutions, par l'expérience, donc le savoir relatif ou bien aussi le savoir relatif à *ces* institutions *en elles-mêmes* (en soi), comme « chose (être) en soi » (Ding an sich), c'est-à-dire acquis sans avoir égard à l'expérience, donc le savoir *absolu* relativement à elles (*Hegel*). Et pour ce qui est de la philosophie des sciences juridiques, il faut, par exemple, résoudre la question de savoir, si elle doit synthétiser seulement le savoir relatif aux sciences juridiques considérées au point de vue *statique* ou bien aussi le savoir relatif à ces sciences considérées au point de vue *dynamique* ; si elle doit synthétiser seulement le savoir relatif à ces sciences telles *qu'elles sont* ou bien aussi le savoir relatif à elles telles *qu'elles doivent être*.

La détermination de la qualité des deux espèces du savoir juridique spécial, aussi bien que la détermination de l'étendue des deux philosophies juridiques synthétiques ne concernent que la notion de ces deux philosophies ; en d'autres termes l'une et l'autre détermination apparaissent comme détermination de la notion de la philosophie du droit et de la notion de la philosophie des sciences juridiques. Ces deux problèmes sont par conséquent sans importance pour la notion du *genre* prochain commun de ces deux philosophies, c'est-à-dire pour la notion de la philosophie juridique synthétique. C'est pourquoi leur solution doit être réservée pour le livre suivant. Cela s'applique aussi au problème de savoir, si les principes, par exemple, de la philosophie du droit doivent avoir ou ont une valeur *universelle*, le caractère de *loi*.

V. — La notion d'une philosophie juridique synthétique à deux espèces apparaît comme une direction philosophico-juridique *particulière, autonome* dans l'ensemble des différentes directions de la « philosophie du droit ». Pour le faire ressortir et pour ainsi distinguer terminologiquement la direction ici donnée des autres directions nous ajoutons aussi l'attribut de « *synthétique* » à son nom.

VI. — La science relative à la philosophie juridique synthétique ne peut pas être divisée, comme le sont d'ordinaire les sciences, en partie générale et en partie spéciale, puisque son objet est seulement une notion, la notion de philosophie juridique synthétique, et non pas les notions qui se trouveraient en rapport d'infériorité et de supériorité les unes envers les autres (v. II, 2).

VII. — Le terme de *philosophie juridique synthétique*, employé pour le titre de l'ouvrage entier, est pris naturellement non pas dans le sens conceptionnel susdit, mais dans le sens *encyclopédique* (v. § 3, V, 2), c'est-à-dire comme *l'ensemble* de la philosophie du droit et de la philosophie des sciences juridiques.

§ 10. — Connaissance scientifique du savoir juridique spécial, renfermé dans les sciences juridiques spéciales et dans les sciences spéciales des sciences juridiques, comme condition d'une élaboration parfaite des deux espèces de la philosophie juridique synthétique, philosophie du droit et philosophie des sciences juridiques.

I. — De la notion dynamique ainsi que de la notion statique de la philosophie juridique synthétique il résulte qu'il est nécessaire pour l'élaboration de ses deux espèces, philosophie du droit et philosophie des sciences juridiques d'avoir une *connaissance scientifique* des sciences juridiques spéciales, et des sciences spéciales des sciences juridiques. Pour faire la synthèse supérieure du savoir juridique scientifique spécial il est naturellement nécessaire de connaître complètement les résultats des synthèses exécutées par les sciences juridiques spéciales, de même que par les sciences spéciales des sciences juridiques, puisque la première synthèse n'est que la continuation de celles-ci, et pour pouvoir continuer un travail il est nécessaire de connaître ce qui a été atteint jusqu'alors.

Mais non seulement il est nécessaire pour le philosophe juridique synthétique de connaître scientifiquement les résultats du travail des sciences juridiques spéciales et des sciences spéciales des sciences juridiques, mais il est nécessaire, en raison de l'absence du caractère véritablement *synthétique* de ces sciences dans la littérature juridique existante (v. § 7), que dans le but d'une élaboration parfaite des deux philosophies juridiques synthétiques on exécute soi-même la refonte desdites sciences sous le rapport synthétique. C'est pour cela que les efforts qui attendent un philosophe synthétique sont tellement grands qu'ils paraissent dépasser les forces d'une seule personne.

II. — 1. Seuls les partisans des philosophies du droit *naturel* et du droit *rationnel* et de la philosophie de l'absolu dans le droit (*Hegel*) ont pu soutenir que le philosophe juridique ne doit pas être *juriste*. C'est ce qu'ont soutenu, entre autres, *Kant* et *Hegel* (1). *Kant* affirme même que le philosophe juridique doit mettre de côté

(1) HEGEL, Philosophie des Rechts, Zusatz zu § 215. De même ESCHENMAYER, Normalrecht *1* (Stuttgart, 1819), qui soutient que dans la philosophie du droit la première parole est aux philosophes et que pour cette philosophie la connaissance du droit positif est plus nuisible qu'utile. V. pour l'opinion contraire BERGBOHM, Jurisprudenz und Rechtsphilosophie, *op. cit.*, p. 10.

ses principes d'origine empirique, c'est-à-dire son savoir du droit positif, avant de s'adonner à l'étude des objets de la philosophie du droit (1). Et même un des chefs de l'école philosophico-juridique *historique*, *Puchta* a soutenu que la science du droit ne peut obtenir la notion du droit que de la philosophie (2).

Si *Puchta* ne peut pas être compris, l'affirmation de *Kant* et *Hegel* peut en quelque sorte être expliquée par leur conception de l'objet de la philosophie du droit. Lorsque *Kant* dit que la notion du droit et en général les principes juridiques généraux doivent être cherchés dans la « raison *pure* », ou bien lorsque *Hegel* dit que l'objet de la philosophie du droit c'est la notion du droit positif *en soi* (comme chose en soi, Ding an sich), on voit clairement pourquoi ils ont pu, au moins en apparence, nier la nécessité pour un philosophe juridique de connaître le droit positif. Mais en réalité, même avec cette conception de la notion de la philosophie du droit, il apparaît nécessaire de posséder le savoir juridique *spécial*, car la possession de ce savoir facilitera incontestablement les spéculations métaphysiques sur le droit, et servira à contrôler l'exactitude de leurs résultats. Du reste il paraît impossible de faire lesdites spéculations sans connaître les savoirs juridiques spéciaux, car pour que quelqu'un puisse aborder la détermination de la notion du droit à la manière de *Kant* et de *Hegel*, il devrait déjà posséder un certain savoir empirique du droit. Et les ouvrages de ces deux philosophes font voir jusqu'à l'évidence qu'ils possédaient tous les deux le savoir juridique spécial de leur temps, sinon comme des spécialistes, tout au moins comme des amateurs très éclairés (v. § 2, II, 5 *c*).

2. Au contraire pour ce qui est des autres directions de la philosophie du droit, leurs partisans soutiennent naturellement au contraire qu'on ne peut élaborer sérieusement la philosophie du droit sans le savoir juridique scientifique spécial. Il en est ainsi par exemple des partisans de la philosophie du droit positif de l'école juridique analytique anglaise (*Austin*) et de la théorie générale continentale du droit positif (*Merkel* et *Korkounov*) (3).

---

(1) Metaphysische Anfangsgründe der Rechtslehre, Königsberg, 2e éd., 1798, XXXI, § B.

(2) Kursus der Institutionen, 8e éd., 1875, p. 55.

(3) V. MERKEL, Ueber das Verhältnis der Rechtsphilosophie zur positiven » Rechtswissenschaft und zum allgemeinen Teil derselben dans la Grünhuts Z. f. d. Privat-und öff. Recht, vol. 1, p. 1 et suiv., 402 et suiv. ; BERGBOHM, Jurisprudenz und Rechtsphilosophie, *op. cit.*, p. 10 ; KORKOUNOV, Cours de théorie générale du droit, *op. cit.*, § 4.

§ 11. — Caractère philosophique des deux espèces de la philosophie juridique synthétique.

I. — L'expression de « philosophie » est généralement employée (v. § 2) pour désigner l'ensemble systématique des connaissances qui apparaissent comme *les plus générales* soit par rapport à toutes les connaissances scientifiques spéciales soit par rapport à tel ou tel autre groupe déterminé des connaissances scientifiques spéciales. Et puisque les deux espèces de la science ou philosophie juridique synthétique sont les systèmes des connaissances *les plus générales* soit par rapport à *toutes* les institutions juridiques, et à *toutes* les sciences juridiques spéciales, soit par rapport à tels ou tels de leurs groupes, elles méritent évidemment l'appellation de « philosophie », c'est-à-dire qu'elles possèdent aussi toutes deux le caractère *philosophique*, et par suite cela s'applique aussi à leur genre commun, c'est-à-dire à la double philosophie juridique synthétique. Elles font donc partie intégrante de la partie *spéciale* de la philosophie synthétique des objets des sciences, et de la philosophie synthétique des sciences (1), de même qu'elles constituent en même temps une partie de la science de droit (v. § 12, I).

II. — 1. Il ne serait pas sans fondement de considérer chaque science et par suite chaque science juridique spéciale comme une espèce de *philosophie* dans le sens élargi, en tant que chaque science juridique a pour rôle de déterminer l'essence des institutions juridiques moyennant la généralisation, c'est-à-dire la synthèse et à cet effet elle doit créer aussi les notions *génériques* de ces institutions, c'est-à-dire les savoirs les plus généraux par rapport aux groupes particuliers des institutions juridiques, et particulièrement ses notions *fondamentales* (2). Mais le véritable sens de l'expression de « philosophie » s'opposerait à une telle désignation des sciences juridiques spéciales, ce qui s'applique aussi aux sciences des sciences juridiques. En effet l'expression de philosophie n'embrasse, comme

(1) La question de savoir quelle branche de ces deux philosophies synthétiques spéciales elles constituent, sera traitée dans le livre suivant, puisque c'est seulement dans ce livre qu'on aura à établir l'essence des objets des deux philosophies juridiques synthétiques.

(2) Comp. Boistel, Cours de philosophie du droit, vol. 1, 1889, p. 5-6 (au point de vue de la philosophie rationnaliste du droit) ; Lasson, System der Rechtsphilosophie, 1882 (au point de vue de la philosophie hégélianiste du droit).

on l'a déjà dit (v. I et § 2), que les généralisations des degrés conceptionnels *supérieurs* aux généralisations que font les sciences juridiques *spéciales* et les *sciences* des sciences juridiques.

2. Mais comme on l'a dit pour les sciences en général (v. § 3, VI, 1), les sciences juridiques spéciales et les sciences des sciences juridiques peuvent posséder en même temps, elles aussi, le caractère synthético-(scientifique) *philosophique* à côté de leur caractère de spécialité, c'est-à-dire de science *non* synthétique, et c'est ce qui se produit quand une de ces sciences étudie ses objets en liaison avec leurs *genres* qui sont les objets de la philosophie juridique double, ce qui du reste est pour elles indispensable (v. § 13, II). Cela s'applique aux systèmes aussi bien qu'aux travaux présentant la forme de monographies et de dissertations. Ainsi un travail portant sur l'illicite criminel et un travail portant sur l'illicite privé posséderont le caractère philosophique, si leur auteur étudie ces notions en liaison avec leur genre commun, à savoir avec la notion d'illicite. Les travaux de cette espèce sont des spécialités, mais ils sont en même temps aussi des spécialités philosophiques, ou, plus exactement, synthético-philosophiques, et leur auteur qui se sert régulièrement de cette méthode n'est pas un pur spécialiste, mais un spécialiste synthético-philosophique. Ceci a probablement donné, sans qu'ils s'en soient doutés, à certains spécialistes l'occasion de désigner la partie générale de leur discipline comme sa partie *philosophique*. Cette habitude a existé surtout pour la partie générale du Droit criminel et du Droit constitutionnel et pour cette seconde discipline elle existe encore, quoique à moindre degré. Cette désignation ne pourrait être justifiée que si on la concevait dans le sens susdit. Les auteurs ci-dessus mentionnés conçoivent cependant chacune de ces disciplines dans sa partie générale comme des espèces de la philosophie véritable du droit, et cela ne peut pas être admis, puisque d'une part c'est contraire au sens véritable de l'expression de « philosophie », et que de l'autre il en résulterait que, pour la même raison, les sections particulières de la partie *spéciale* des disciplines ci-dessus mentionnées devraient être elles aussi désignées comme parties philosophiques de ces disciplines, ce qui détruirait, au moins par l'appellation, leur unité et donnerait lieu à une confusion.

III. — On a par trop abusé de l'appellation de « *philosophie* ». Mais on a encore plus abusé de l'appellation de « *philosophie du droit* », car la discipline, ainsi dénommée a été considérée et l'est encore souvent comme un abri pour toutes les spéculations possibles sur le droit, parmi lesquelles une grande partie est complètement dénuée d'importance pour les sciences juridiques spéciales et sans relation avec elles. C'est à cause de cela que certains juristes ont depuis quelque temps horreur de l'appellation de *philosophie* du droit. Ce sont quelques-uns de ceux qui considèrent la philosophie du droit comme la philosophie ou la théorie générale du droit *positif* (v. § 17). Ils entendent se servir exclusivement de l'appellation de *théorie générale du droit* (1). Mais naturellement les erreurs dans la conception de la philosophie du droit n'ont pas pour cause l'appellation de cette discipline, et ces conceptions erronées ne peuvent pas être corrigées par le changement de l'appellation. Et l'appellation de *philosophie* du droit et de *philosophie* des sciences juridiques est, comme on l'a vu, complètement juste, naturellement à la condition que la discipline qu'elle désigne soit bien conçue. C'est ce dont s'aperçoivent aussi les partisans de ladite conception de la philosophie du droit comme théorie générale du droit positif à côté de *Merkel* (2), son fondateur. L'un d'entre eux, *Bergbohm*, se demande même, si le terme de théorie générale du droit n'est pas un pseudonyme du terme de philosophie du droit (3). Ce terme est employé aussi par les partisans de la philosophie du droit positif de la soi-disant *école analytique anglaise* philosophy of positive law (4).

§ 12. — Caractère de science juridique des deux espèces de la philosophie juridique synthétique.

I. — Chaque science juridique spéciale est, comme on l'a dit (§ 7, 1), un système de notions juridiques, c'est-à-dire de notions relatives aux institutions juridiques qui sont ses objets, notions acquises par la généralisation, de même que la science de chaque science juridique est aussi un système de notions relatives à cette science, notions acquises par la généralisation. Et puisque la philosophie juridique synthétique est un système de notions *génériques*

(1) V. surtout Larnaude, préface à la traduction française de l'ouvrage de Korkounov, Cours de théorie générale du droit, Paris, 1re éd.

(2) V. son article ci-dessus cité (au § 10) Ueber, das Verhältnis der Rechtsphilosophie zur « positiven » Rechtswissenschaft und zum « allgemeinen Theil derselben », p. 1 et suiv., 402 et suiv.

(3) Jurisprudenz und Rechtsphilosophie, *op. cit.* (au § 17), p. 26.

(4) V. surtout Austin, Lectures ou jurisprudence or *Philosophy* of positive law (v. ci-dessous § 18, I).

relatives aux *mêmes* objets, c'est-à-dire aux institutions juridiques elles-mêmes, et aux sciences juridiques elles-mêmes considérées en tant que sciences, elle aussi est évidemment une espèce de science juridique, ou, en d'autres termes, ses deux espèces, la philosophie synthétique du droit et la philosophie synthétique des sciences juridiques sont des sciences *juridiques*, la première dans un sens plus étroit, la seconde dans un sens plus large (v. § 5, II, 1). Ce qui les distingue des sciences juridiques spéciales, et des sciences spéciales des sciences juridiques ce n'est que le *degré* de leurs notions, c'est-à-dire le degré conceptionnel de leurs généralisations. Mais il est évident qu'en vertu de ceci on ne peut pas leur dénier le caractère de science *juridique*, car ladite différence dans le degré des notions, c'est-à-dire dans le degré conceptionnel de la généralisation, existe également dans le domaine de chaque science juridique spéciale, et dans le domaine de chaque science particulière de telle ou telle autre science juridique, et on devrait alors dénier aussi le caractère de science juridique aux sections de ces sciences qui s'occupent de leurs notions *supérieures*, surtout aux parties *générales* de ces sciences.

Par conséquent c'est à tort que certains auteurs détachent la philosophie du *droit* du domaine des sciences juridiques sous le prétexte qu'elle s'occupe, comme ils le disent, des « principes juridiques *suprêmes*, *premiers* ou *généraux* » (1). Ils perdent donc de vue que la différence entre lesdits « principes suprêmes » et les principes inférieurs qui devraient être les objets des sciences juridiques spéciales ne consiste que dans le degré de la généralité.

II. — Habituellement, cependant, la philosophie du droit, la seule philosophie juridique existant jusqu'à présent comme telle, n'est pas considérée comme une science *juridique*.

1. Suivant quelques-uns, elle n'est pas une science juridique, parce qu'elle n'est pas d'après eux, pas plus d'ailleurs que la philosophie en général, une *science*, mais une espèce de philosophie. On a cependant vu que la philosophie est elle aussi une espèce de science, la science *suprême* (v. § 3, VI).

2. Quelques-uns lui refusent le caractère de science juridique, parce que ses *objets* diffèrent qualitativement, disent-ils, de ceux

---

(1) Ainsi par exemple LASSON, System der Rechtsphilosophie 11 (quoiqu'il considère la philosophie comme « la science en général ») et ZELLER, Staat und Kirche, 1873.

des sciences juridiques spéciales. Ce sont les partisans surtout de la philosophie du droit *naturel* et de la philosophie du droit *rationnel*, ainsi que de la philosophie du droit de *Hegel*. Ils la conçoivent comme une partie intégrante soit de la philosophie en général, soit de l'éthique ou de la philosophie pratique, soit de l'éthique conçue comme la philosophie morale, suivant l'espèce de classification des disciplines philosophiques qu'ils ont adoptée et suivant leur conception de la relation entre le droit et la morale (1). Mais en réalité la philosophie du droit, conçue selon lesdites directions, ne se distingue pas elle non plus tellement des sciences juridiques spéciales qu'on ne puisse la considérer comme une espèce de science juridique, car ses notions sont également des notions génériques des institutions *juridiques*. Ces institutions sont en effet suivant elle les institutions juridiques naturelles, rationnelles, les institutions juridiques considérées en elles-mêmes *(en soi*, donc comme des réalités *absolues*, *Hegel)*, et non pas les institutions juridiques positives, mais elles sont toutes d'après leur essence fondamentale des institutions juridiques, elles sont donc toutes seulement des espèces d'institutions juridiques. C'est ce qui est constaté aussi par certains partisans des philosophies du droit ci-dessus mentionnées. Ainsi par exemple *Ahrens*, partisan de la philosophie du droit naturel, considère celle-ci comme une « partie intégrante de la philosophie en général » et en même temps comme une branche de la science « générale » du droit (2).

3. Au nombre des problèmes du domaine de la philosophie du droit se trouve particulièrement celui de la matière (contenu) du droit (ainsi que celui de la matière de l'illicite) et en liaison inséparable avec lui le problème de l'*origine* et le problème du *but* du droit. Par la solution de ces problèmes la philosophie du droit met en

(1) V. par exemple LASSON, System der Rechtsphilosophie, *op. cit.*, p. 1 (« la philosophie du droit est une partie de l'*éthique* conçue comme science de la réalisation de l'idée du bien dans la volonté humaine », c'est-à-dire de la philosophie morale) ; KOHLER, Lehrbuch der Rechtsphilosophie 1 (« la philosophie du droit est une branche de la philosophie de l'homme, c'est-à-dire de la philosophie qui doit établir la situation de l'homme et de la culture humaine dans le monde et le mouvement mondial ») ; SCHÜTZE, 10 (la philosophie du droit est « une branche de la philosophie pratique »).

(2) Cours de droit naturel ou de philosophie du droit, 6e éd., Leipzig, vol. 1 (1868), p. 5. De même BEROLTZHEIMER, System der Rechts-und Wirtschaftsphilosophie, vol. 1, p. 2 (« la philosophie du droit appartient à la science du *droit*, mais elle constitue néanmoins en même temps une discipline philosophique [une partie intégrante de la philosophie pratique] »).

relation le droit (ainsi que l'illicite) avec l'*ordre universel des choses* et par là même détermine sa fonction dans cet ordre dont s'occupe la « philosophie *générale* ». C'est pour cela que ces problèmes sont considérés par beaucoup d'auteurs, et même par certains partisans de la philosophie du droit conçue comme théorie générale du droit positif (1), comme des problèmes *philosophiques* dans le sens *propre* de ce mot, comme des problèmes « vraiment philosophiques », et de cette caractéristique ces auteurs tirent des conclusions relativement à la question du caractère de science *juridique* de la philosophie du droit. Pour résoudre lesdits problèmes la philosophie du droit doit, dit-on, tirer ses matériaux non seulement des sciences juridiques, mais aussi des *autres* sciences. C'est pour cela qu'elle n'est pas, concluent ces auteurs, une science *juridique*, mais, comme le dit *Vanni*, une « science distincte et autonome avec une caractéristique particulière que constitue son caractère philosophique » (2). Elle est donc exclusivement une partie de la philosophie. Cette opinion se base évidemment sur des erreurs. Tout d'abord lesdits problèmes ne sont en réalité *qu'une partie* des problèmes de la philosophie du droit, et c'est ce qui empêche leur caractère non juridique éventuel d'être décisif pour la question du caractère juridique *entier* de cette discipline. En outre le fait qu'une science serait obligée d'emprunter des matériaux aux autres ne peut pas changer son caractère, car ce qui la distingue des autres sciences ce n'est pas la qualité de ses matériaux, mais celle de ses objets. Enfin il n'y a pas de science juridique, non plus que de science en général, qui ne se trouve obligée d'emprunter certains matériaux aux autres sciences, juridiques et non juridiques. Ainsi le Droit criminel occupe à cet égard la première place parmi les sciences juridiques spéciales. Il emprunte ses matériaux non seulement aux autres sciences juridiques, mais aussi à la philosophie, à la psychologie, à la médecine légale, à l'anthropologie criminelle, à la sociologie criminelle et à la psychiatrie légale, et cependant personne ne dira qu'il se transforme à cause de cela en une science non juridique.

(1) Par exemple VANNI, Lezioni di Filosofia del diritto, 14.
(2) Lezioni di Filosofia del diritto, *op. cit.* (au § 17), p. 11.

§ 13. — Raisons de la nécessité de construire la philosophie synthétique du droit et la philosophie synthétique des sciences juridiques, deux espèces de la philosophie juridique synthétique.

I. — 1. La principale raison de la nécessité de construire la philosophie synthétique du droit et la philosophie synthétique des sciences juridiques est évidemment de même nature que la principale raison invoquée (§ 4, I) en faveur de la construction des deux philosophies synthétiques. Cette raison, c'est le fait que notre savoir juridique scientifique apparaît comme *incomplet* sans elles. Elles sont donc d'abord nécessaires pour compléter le savoir juridique scientifique. Ce complément consiste, comme on l'a vu (§ 6), dans la *synthèse* ou *unification* des savoirs renfermés dans les différentes sciences juridiques spéciales et sciences spéciales des sciences juridiques, étant donné que ces savoirs n'apparaissent pas comme définitivement unifiés quand on envisage leurs objets dans leur rapport mutuel.

2. La fonction qui consiste à combler les lacunes ci-dessus mentionnées existant dans notre savoir juridique scientifique ne peut pas être assignée aux différentes sciences juridiques spéciales, et aux différentes sciences spéciales des sciences juridiques. Les raisons de cette impossibilité sont de même nature que celles que nous avons invoquées (§ 4, I, 2 *b*) contre l'attribution de la fonction d'unification aux différentes sciences spéciales et aux différentes sciences spéciales des sciences : 1° la construction des notions génériques supérieures ne s'y impose que *partiellement* ; 2° elles construiraient ces notions en vertu de leurs connaissances nécessairement *restreintes* ; 3° ces notions sont, vu leur nature, *en dehors* du domaine des sciences juridiques en question. Il est de cette façon nécessaire de considérer la construction des notions en question comme une activité juridique scientifique *indépendante*, autonome, c'est-à-dire de créer les deux philosophies juridiques synthétiques ci-dessus mentionnées.

II. — La construction de la philosophie synthétique du droit et de la philosophie synthétique des sciences juridiques est du reste nécessaire non seulement pour compléter le savoir juridique scientifique spécial au moyen de la synthèse ou unification de ce savoir, mais aussi en vue du *perfectionnement* des différentes sciences juridiques spéciales, et des différentes sciences spéciales des sciences juridiques. Elle est donc nécessaire non seulement théoriquement, mais aussi *pratiquement* (v. § 4, II).

Les fonctions pratiques des deux philosophies juridiques synthétiques sont de trois espèces, conformes aux trois espèces des fonctions pratiques des deux philosophies synthétiques (§ 4, III).

1. Étant donné que les notions supérieures sont des parties intégrantes des notions inférieures, puisque représentant l'unification de ces dernières, les sciences juridiques inférieures ne pourraient pas approfondir complètement leurs objets, si elles ne les mettaient pas en relation avec leurs genres, c'est-à-dire avec les notions supérieures. Les deux philosophies juridiques synthétiques ci-dessus mentionnées sont de cette façon des sciences juridiques *auxiliaires* pour toutes les sciences juridiques inférieures, puisque ce sont justement elles, qui doivent leur fournir les notions supérieures en question.

2. Puisque les notions supérieures sont des parties intégrantes des notions inférieures, les sciences juridiques inférieures seraient susceptibles d'arriver à des résultats défectueux ou incomplets dans l'étude de leurs objets, si elles ne suivaient pas la direction qui leur est indiquée implicitement par l'étude des genres supérieurs de leurs objets, c'est-à-dire si elles ne prenaient pas les résultats de cette étude pour base de leurs recherches. Les philosophies juridiques synthétiques ci-dessus mentionnées apparaissent donc aussi comme le *régulateur* du travail des sciences juridiques inférieures (c'est-à-dire de la science du droit civil et de la science de cette science, de la science du droit criminel et de la science de cette science, etc.). Grâce à elles, les notions appartenant au même genre et que doivent former les différentes sciences juridiques pourront être construites en connaissance *complète* de leur nature et d'une façon uniforme, et ainsi disparaîtront les désaccords qui existent actuellement à cet égard entre les différentes sciences juridiques. C'est le cas par exemple pour la notion de l'illicite privé et pour la notion de l'illicite criminel, objets de la science du droit civil (ou plus exactement du droit délictuel civil), et de la science du droit criminel ; pour la notion du droit subjectif privé et pour la notion du droit subjectif public, objets de la science du droit civil, et des sciences du droit constitutionnel, du droit administratif et du droit international.

3. La philosophie synthétique du droit ou des institutions juridiques doit, à côté des fonctions ci-dessus mentionnées, qui lui sont

communes avec la philosophie des sciences juridiques, remplir encore une autre fonction particulière par rapport aux notions *fondamentales* des sciences juridiques spéciales (v. § 4, II, 3). En effet quoiqu'on ne doive pas attendre d'elle qu'elle fournisse à ces sciences lesdites notions, elle constitue pourtant la base la plus solide pour leur construction omnilatérale pour les raisons exposées (v. 1 et 2). Ceci est sa troisième fonction *pratique*, destinée au perfectionnement des sciences juridiques.

III. — La construction de la philosophie synthétique du droit et de la philosophie synthétique des sciences juridiques est enfin nécessaire pour deux autres raisons *pratiques* conformément à la construction des deux philosophies synthétiques en général (§ 4, III).

1. Ces deux philosophies servent à acquérir une éducation juridique scientifique *générale* (v. § 4, III, 1). En effet le travail juridique scientifique ainsi que l'acquisition du savoir juridique scientifique étant divisés, spécialisés, il existe une tendance naturelle à élargir notre savoir juridique scientifique spécial de façon à ce qu'on possède dans une certaine mesure aussi les connaissances scientifiques acquises par les autres sciences juridiques spéciales, ainsi que par les autres sciences des sciences juridiques. Cet élargissement du savoir juridique pourrait en effet être réalisé par l'acquisition de *tout* le savoir acquis par les sciences juridiques spéciales et en réalité c'est la méthode d'études suivie aux Ecoles de droit. Mais d'une part la connaissance approfondie, vraiment scientifique des autres branches des sciences juridiques spéciales et des sciences des sciences juridiques en dehors de celle où l'on s'est spécialisé ne peut être acquise, surtout vu l'état actuel des sciences juridiques *spéciales*, que par de rares personnalités douées d'une intelligence et d'une capacité de travail exceptionnelles. D'autre part, si même cette impossibilité n'existait pas, on posséderait en effet toutes les connaissances acquises par les différentes sciences juridiques spéciales et par les sciences des sciences juridiques, mais on ne connaîtrait pas, sans la philosophie synthétique du droit et sans la philosophie synthétique des sciences juridiques, les genres des objets des connaissances susmentionnées, que doivent justement fournir ces deux disciplines, et par là même les connaissances possédées seraient dépourvues de leur complément nécessaire qui les unifie et par suite leur imprime leur caractère systématique complet. C'est pour cette dernière raison que l'on ne pourrait pas davantage atteindre le but d'élargir notre savoir juridique au moyen d'une

discipline *encyclopédique* conçue comme une revue générale, sommaire du contenu des différentes sciences juridiques spéciales et des différentes sciences des sciences juridiques (v. § 16). Par conséquent seules la philosophie synthétique du droit et la philosophie synthétique des sciences juridiques peuvent nous procurer une éducation juridique scientifique *générale*. D'un côté elles nous fournissent les connaissances juridiques scientifiques générales qui nous manquent en notre qualité de spécialistes. Et de l'autre, elles étendent par là même notre savoir juridique scientifique à tous les domaines juridiques scientifiques inférieurs, en ce sens qu'elles nous procurent les connaissances juridiques qui synthétisent, unifient les connaissances renfermées dans les sciences juridiques spéciales, et dans les sciences des sciences juridiques.

2. La possession du savoir juridique synthétique acquis par les deux philosophies juridiques synthétiques *facilite* l'acquisition du savoir scientifique renfermé dans les sciences juridiques spéciales et dans les sciences des sciences juridiques (§ 4, III, 2). En effet d'une part en acquérant le premier savoir nous acquérons *par ce fait même* une partie, la partie *fondamentale* de l'autre savoir, du savoir inférieur. D'autre part nous acquérons en même temps par là même la connaissance des rapports conceptionnels mutuels des savoirs juridiques inférieurs ci-dessus mentionnés, c'est-à-dire la connaissance de leur liaison *systématique* dont l'acquisition a évidemment pour effet la compréhension plus facile ainsi que plus profonde des savoirs juridiques spéciaux.

IV. — Il existe encore, en faveur de la construction de la philosophie synthétique du droit et de la philosophie synthétique des sciences juridiques, une autre raison à la fois *pratique* et *théorique*, et c'est l'obtention du critérium servant à apprécier la *valeur* des institutions juridiques existantes, ainsi que des sciences juridiques spéciales existantes et des sciences des sciences juridiques, au point de vue tant formel que matériel, critérium qui doit être utile au législateur, de même qu'au savant ès sciences juridiques comme le régulateur de leur activité. Mais cette raison ne peut pas être exposée ici, puisque sa compréhension présuppose qu'au préalable on détermine complètement les *objets* de la philosophie du droit et de la philosophie des sciences juridiques, et ceci ne rentre pas dans le domaine de ce livre.

SECTION III

Directions philosophico-juridiques existantes, considérées par rapport à la synthèse ou unification du savoir juridique scientifique spécial et au double objet de cette synthèse

---

§ 14. — Littérature philosophico-juridique existante considérée au point de vue du double objet de la synthèse ou unification du savoir juridique scientifique spécial.

I. — On trouve déjà des recherches philosophico-juridiques chez les anciens philosophes grecs. Elles faisaient partie intégrante de leur philosophie qui embrassait (v. § 2, I, 1) tout le savoir acquis par eux. On trouve aussi de pareilles recherches chez les juristes romains. Des auteurs postérieurs, du moyen âge, ont fait des études philosophico-juridiques plus étendues. Mais ce n'est qu'au XVIIe siècle que l'on a réuni les doctrines philosophico-juridiques en une discipline *indépendante*. Étant donné ainsi que ces doctrines n'existaient qu'à l'état fragmentaire jusqu'à cette époque, ce n'est que depuis lors que l'on peut commencer à examiner les conceptions de la « philosophie du droit » au point de vue de la dualité de la synthèse juridique.

II. — 1. Dans l'ouvrage de *Hugo Grotius* (1583-1645), *De jure belli ac pacis*, paru en 1625 à Paris, se trouve le premier exposé, sous la forme d'un *système*, défectueux mais complet, des doctrines appartenant à une direction philosophico-juridique déterminée, à celle du droit *naturel*, fondée par *Grotius* lui-même. Cet exposé est renfermé principalement dans les « Prolégomènes » de l'ouvrage ci-dessus mentionné consacré au Droit international public dont *Grotius* est le fondateur et dans la première partie du premier volume. Depuis ce temps jusqu'à nos jours une abondante littérature, sous forme de dissertations ou de systèmes complets, a pris naissance. Les systèmes portent différents noms. On les a intitulés soit *philosophie* ou *théorie du droit naturel*, soit philosophie ou théorie du *droit rationnel*, ou plus fréquemment *philosophie ou théorie générale du droit*.

2. A côté de ces ouvrages ont pris naissance aussi de nombreux ouvrages de caractère *juridique général* intitulés *encyclopédie du droit ou introduction à l'étude de droit.* Ces ouvrages marquent une direction particulière des généralités juridiques qui peut être qualifiée comme annonçant la direction philosophico-juridique dite *théorie générale du droit.*

3. A côté de cette littérature de caractère juridique général ont paru aussi beaucoup d'ouvrages consacrés aux généralités juridiques communes à certains groupes des sciences juridiques, aux groupes du droit *privé* et du droit *public,* ou propres à la science du droit *criminel.* On a intitulé ces ouvrages soit *philosophie* du droit privé (ou encore civil), philosophie du droit public et philosophie du droit criminel, soit *introduction* à l'étude de ces branches du droit. Ces philosophies spéciales se trouvent exposées, quelquefois elles aussi, dans les ouvrages intitulés *philosophie du droit* sous la forme de parties *spéciales* de cette philosophie.

III. — 1. Dans les ouvrages ci-dessus mentionnés on s'occupe aussi quelquefois des problèmes qui se rapportent aux sciences juridiques considérées en tant que *sciences,* et surtout de la méthodologie juridique. Mais on s'y occupe de ces problèmes comme s'ils faisaient par essence partie intégrante de la philosophie ou de l'encyclopédie du *droit* elles-mêmes, ce qui est en réalité, comme on l'a vu (v. § 4, I et § 8, I), une confusion entre des matières qualitativement (génériquement) différentes les unes des autres. La littérature existante connaît donc *une* seule espèce de philosophie de caractère juridique, la soi-disant philosophie ou théorie générale du droit, avec les trois philosophies spéciales du droit ci-dessus mentionnées, *une* seule encyclopédie juridique, l'encyclopédie du droit.

2. C'est seulement dans certains ouvrages d'encyclopédie du droit que l'on traite séparément de la *méthodologie juridique.* Mais d'un côté, on n'y représente pas celle-ci comme une science de même caractère de généralité que l'encyclopédie elle-même, devant occuper par conséquent une place conceptionnellement parallèle à celle-ci dans le domaine du savoir juridique. D'autre part la méthodologie ne peut constituer par elle-même une science indépendante, mais seulement une partie intégrante de la science qui a pour objet de sa synthèse les sciences juridiques considérées comme une espèce de la science.

§ 15. — Directions existantes de la « philosophie du droit » et des philosophies du droit privé, du droit public et du droit criminel, considérées au point de vue de la synthèse ou unification du savoir juridique scientifique spécial.

I. — Il existe, comme on l'a vu (§ 14), une seule discipline juridico-philosophique, la philosophie du droit et une seule encyclopédie juridique, l'encyclopédie du droit. Mais à côté de cette lacune que l'on remarque dans la littérature juridico-philosophique, et dans la littérature juridico-encyclopédique, il en existe une autre, beaucoup plus grave et dont on s'aperçoit bien davantage dans la littérature susmentionnée. Cette autre lacune consiste dans l'absence de conception *synthétique*, c'est-à-dire de conception de ladite discipline comme *synthèse* ou *unification* du savoir juridique *spécial*. Cette lacune peut être expliquée en tant qu'il s'agit de l'encyclopédie du droit, en raison du rôle imposé à cette discipline (v. § 16, IV), mais rien ne peut excuser les auteurs traitant de la philosophie du droit du manque de caractère synthétique de leurs travaux.

II. — Le rôle et par suite la notion de la « philosophie du droit » sont conçus de diverses manières par les différentes directions (ou écoles). Parmi les principales de ces directions on trouve les écoles du droit *naturel*, du droit *rationnel*, l'école *historique*, l'école du droit *absolu* ou l'école *hégélienne*, et, comme une variante moderne de cette dernière, la direction *culturelle*-juridique ou néohégélienne (de *Kohler*), puis la direction dite *théorie générale* du droit positif (de *Merkel* et *Korkounov*) et enfin la direction du *droit positif d'Austin* appartenant à la soi-disant *école juridique analytique anglaise*. La question de savoir quels objets d'étude les directions susmentionnées attribuent à leur « philosophie du droit » ne peut pas être traitée ici, dans la science *synthétique* de la philosophie du droit et de la philosophie des sciences juridiques, car cette question ne peut être étudiée que par la *science* de la philosophie du *droit*. On peut ici seulement constater qu'*aucune* des directions de la « philosophie du droit » ne conçoit cette philosophie comme une *synthèse*, par suite comme *l'unification* du savoir juridique *spécial*. Cela apparaît déjà pour toutes les directions, sauf les deux dernières, par leur appellation elle-même. Pour les deux dernières directions il paraît cependant qu'il n'en est pas ainsi et cela ressort non seulement de leur appellation, mais aussi de leur façon de formuler le rôle de la philosophie du droit. C'est pourquoi elles doivent être exposées dans ce livre (v. §§ 17 et 18).

III. — Ce qui a été dit (II) pour la philosophie du droit relativement au caractère *synthétique* s'applique aussi aux philosophies juridiques *spéciales* existantes : aux philosophies du droit privé, du droit public et du droit criminel. Elles ont toutes le caractère d'une encyclopédie juridique spéciale appartenant à la soi-disant variante « *philosophique* » (v. § 16, III, 3).

§ 16. — Encyclopédie du droit et unification du savoir juridique scientifique spécial.

I. — Dans l'exposé des raisons de la nécessité des deux philosophies juridiques synthétiques (§ 13, III, 1), on a remarqué que par suite de la spécialisation nécessaire au travail juridique scientifique et à l'acquisition du savoir scientifique on éprouve le besoin d'élargir son savoir juridique scientifique, de sorte que l'on possède également dans une certaine mesure, tout au moins en traits généraux, le savoir acquis par les autres activités juridiques scientifiques spéciales. Ce besoin a été éprouvé dès le XVIe siècle, donc au temps où le savoir juridique scientifique total était encore très restreint. On a aussi essayé alors de le satisfaire par une discipline qui a été appelée au XVIIe siècle *encyclopédie du droit* et que l'on a plus tard commencé à désigner aussi sous le nom d'*introduction générale à l'étude du droit* (ou à la science de droit).

II. — On soutient que le premier en date des ouvrages juridico-encyclopédiques est le *Speculum Judiciale* de *Durantis* paru en 1275. Mais comme on le remarque bien, le contenu de cet ouvrage est loin de pouvoir être considéré comme une encyclopédie du droit (1). C'est pourquoi on considère comme les premiers ouvrages juridico-encyclopédiques ceux qui ont paru au XVIe siècle. Parmi eux on remarque surtout, comme la première encyclopédie systématique du droit, la *Methodica juris utriusque traditio* de *Lagus* paru en 1543. Elle est divisée en deux parties : 1. *Pars philosophica* et 2. *Pars historica*. Dans la première, à côté de certains principes juridiques généraux, se trouve également traité le droit naturel, et de là vient son appellation ; la deuxième traite du droit positif. Mais le

(1) V. KORKOUNOV, Cours de théorie générale du droit, *op. cit.*, p. 10.

premier ouvrage de cette espèce qui ait eu le titre d'encyclopédie du droit c'est l'*Encyklopaedia juris universi* de *Hunnius* paru en 1638 (avec de nouvelles éditions en 1642, 1658 et 1675). Il est divisé en quatre parties : (1. *Jus personæ* ; 2. *De judiciis et processu judiciario* ; 3. *De contractibus* ; 4. *De materiæ ultimarum voluntatum*). Il y a encore deux ouvrages du XVIIe siècle. Ce sont : l'*Encyclopaedia juris publici privatique, civilis, criminalis, feudalis* de *Vorburg* paru en 1640 (en tête duquel se trouve la dissertation de *Hallutius* sur l'importance de l'Encyclopédie), et la *Paediae jurisprudentiae d'Unverfärth* paru en 1675 (dans lequel l'auteur définit ainsi le mot de « *Paediae* » : *Paediae vocabulum proprie significat institutionem puerilem, qua, si bona sit,* τῶν παιδῶν *animi ad virtutes et bonas artes capessendas subiguntur*) (1). La littérature du XVIIIe siècle est plus abondante. Les ouvrages de ce temps sont écrits plus souvent dans les diverses langues nationales. Il faut surtout mentionner l'*Entwurf einer juristischen Encyclopädie* (Götingen) de *Stephan Pütter* paru en 1767, et cela principalement parce que c'est seulement depuis la parution de cet ouvrage que le mot d'encyclopédie du droit est devenu courant. Mais c'est seulement dans la première moitié du XIXe siècle que la littérature juridico-encyclopédique a atteint l'apogée de son développement, quantitativement ainsi que qualitativement. Depuis lors cette littérature à ces deux points de vue était comme tombée en décadence et cela dura jusqu'à la parution de l'ouvrage de *Merkel* Juristische Encyclopädie en 1885. Dès lors on s'est remis à travailler à l'encyclopédie du droit.

III. — 1. Le mot d'encyclopédie, d'origine grecque, a désigné chez les Grecs l'ensemble, le « cercle » des sciences dont l'étude constituait le programme de l'enseignement secondaire. Il a eu la même signification chez les Romains. Mais ce nom (plus brièvement cyclopédie ou encore plus brièvement — en Angleterre — pédie) n'est employé couramment que depuis le XVIe siècle, depuis la parution en 1541 de l'ouvrage *Lucubrationes vel potius absolutissima Kyklopaideia* de *Ringelberg* (2). Depuis lors il a désigné une revue d'ensemble des objets d'un groupe plus ou moins grand de sciences ou des objets de toutes les sciences et parfois aussi l'*ensemble* d'un groupe déterminé de sciences ou l'ensemble de toutes les sciences.

---

(1) V. KORKOUNOV, Cours de théorie générale du droit, *op. cit.*, p. 12.

(2) Cet ouvrage contient : la grammaire, la rhétorique, la dialectique et une partie spéciale, appelée « Chaos », dans laquelle l'auteur a fait entrer tout ce qui n'a pas pu trouver place dans les parties précédentes.

2. Lorsqu'on a commencé à employer également le mot d'encyclopédie dans la littérature juridique, c'est-à-dire dans le sens d'encyclopédie du droit, on lui a attribué les mêmes significations qu'au terme d'encyclopédie en général. Quelquefois il désignait l'*ensemble* de toutes les sciences juridiques spéciales exposées plus brièvement (par exemple l'Encyclopädie der Rechtswissenschaft de *Holtzendorff*), quelquefois la *revue totale, sommaire* des *objets* des sciences juridiques spéciales, en d'autres termes de *leur contenu*. L'encyclopédie du droit en tant que discipline particulière a naturellement la deuxième signification, et c'est de cette encyclopédie ainsi comprise qu'il s'agit ici. Ainsi conçue l'encyclopédie du droit se divise en deux parties : une partie *générale* et une partie *spéciale*.

a) La partie *générale* renferme l'ensemble des principes juridiques, qui sont *communs* à toutes les sciences juridiques ou à quelques-unes d'entre elles, principes juridiques généraux donc, par exemple la notion du droit, le rapport du droit envers la morale, la notion de l'illicite en général et des illicites privé et criminel, la notion de l'Etat, etc. (1). Cette partie est appelée partie *extérieure* ou *formelle* de l'encyclopédie du droit.

1° *Merkel*, qui divise la « science de droit » en « théorie générale du droit » (allgemeine Rechtslehre), c'est-à-dire en philosophie du droit positif telle qu'il l'entend (v. § 17, IV) d'une part, et en sciences juridiques spéciales de l'autre, fait rentrer conformément à ceci, dans la « partie générale » de l'encyclopédie du droit l'« *extrait de la théorie générale du droit* », et c'est ce qu'il fait réellement dans son ouvrage ci-dessus mentionné (2). Cet extrait de *Merkel* renferme ce que nous venons de voir attribué à la partie générale de l'encyclopédie du droit.

2° Quelques-uns exposent aussi dans la partie générale les éléments de la philosophie du droit, philosophie du droit rationaliste, naturelle-juridique, hégélienne ou autre, de sorte que cette partie générale apparait comme une espèce de philosophie du droit. C'est la soi-disant variante (« tendance ») *philosophique* de l'encyclopédie du droit, qui apparaît aussi dans certains ouvrages du XVIIIe siècle et qui a été opposée dès cette époque à la variante soi-disant *positive* ou dogmatique (3). Quelques-unes de ces encyclopédies montrent aussi une

(1) V. ARNDTS, Juristische Encyclopädie und Methodologie, *op. cit.*, §§ 1 et 2.

(2) Juristische Encyclopädie, *op. cit.* (au § 17), § 1.

(3) V. sur ceci KORKOUNOV, Cours de théorie générale du droit, *op. cit.*, p. 13 et suiv.

certaine originalité dans les conceptions philosophiques du droit (1).

b) La partie *spéciale* de l'encyclopédie du droit renferme l'exposé sommaire des principes plus ou moins généraux de chaque science juridique particulière, appartenant au domaine de la partie générale de ces sciences ou de leur partie spéciale. Cette partie est appelée partie *intérieure* ou *matérielle* de l'encyclopédie du droit.

1° Conformément à la conception de la partie générale de son encyclopédie du droit, *Merkel* conçoit sa partie *spéciale* elle aussi comme un « *extrait* de toutes les sciences juridiques spéciales chacune prise en particulier ». Cet extrait de *Merkel* renferme ce que nous venons de voir attribué à la partie spéciale de l'encyclopédie du droit.

2° Ce qu'on a dit pour la partie générale de l'encyclopédie du droit appartenant à la soi-disant variante philosophique s'applique aussi à la partie spéciale desdits ouvrages encyclopédico-juridiques. Dans cette partie des encyclopédies du droit appartenant à la variante philosophique on applique les idées juridico-philosophiques de la partie générale aux différentes institutions juridiques en en déduisant les principes qui doivent régir ces institutions.

3. Il existe aussi des exposés *encyclopédiques* des groupes particuliers des sciences juridiques spéciales. Ce sont les groupes des sciences du droit privé, du droit public et du droit criminel. Ces exposés sont habituellement désignés comme une « *introduction à l'étude* » desdits groupes des sciences. Dans quelques ouvrages de cette espèce les auteurs se contentent de l'exposé pur et simple des notions plus ou moins générales des sciences respectives, tandis que dans les autres ces notions sont mises en relation avec les doctrines *juridico-philosophiques*, en vertu de quoi leurs auteurs les représentent comme une « philosophie » de chaque groupe particulier de ces sciences.

IV. — 1. Il résulte de ce qui a été dit que l'encyclopédie du droit envisagée comme un *tout* n'apparaît pas comme une science

---

(1) Parmi ces encyclopédies se détachent surtout celles d'AHRENS, WARENKÖNIG et WALTER. On y trouve l'application de la conception organique du monde de SCHELLING avec les combinaisons théologiques de STAHL, ceci complété par les modifications de KRAUSE dans l'encyclopédie d'AHRENS et par les modifications de FICHTE le jeune dans l'encyclopédie de WARENKÖNIG. Parmi les encyclopédies du droit de ce temps appartenant à la variante « positive » les plus importantes sont celles de FALK (v. sur elle au § 17, I) et de BLUHME. Parmi les encyclopédies du droit de la variante « philosophique » du XVIIIe siècle on peut mentionner particulièrement celle de NETTELBLADT.

autonome. Ce qui distingue une science des autres c'est, comme on l'a déjà dit, la possession *d'objets d'étude autonomes et déterminés*. L'encyclopédie du droit ne possède cependant ni objets autonomes ni objets déterminés. C'est pourquoi *Merkel* l'a justement caractérisée (III, 2 *a* 1° et *b* 1°) comme un « extrait » scientifique des autres sciences juridiques, spéciales ainsi que philosophiques.

2. L'existence de l'encyclopédie du droit peut par suite être justifiée exclusivement au point de vue juridico-*pédagogique*, c'est-à-dire par la nécessité pour les commerçants d'être sommairement initiés aux institutions juridiques, avant de passer à l'étude des sciences juridiques spéciales, pour que cette étude leur soit rendue plus facile et pour que dans l'étude de chacune des sciences juridiques spéciales ils aient une idée de l'ensemble des sciences juridiques. Et en effet c'est ainsi que l'on justifie son existence et son enseignement aux facultés de droit. En réalité cependant elle n'est pas en état de remplir ce devoir pédagogique, car c'est le rôle exclusif de la philosophie synthétique du droit, et de la philosophie synthétique des sciences juridiques, pour les raisons que nous avons déjà invoquées (§ 13) en faveur de la nécessité de ces deux disciplines

§ 17. — Théorie générale du droit, considérée au point de vue de la synthèse du savoir juridique spécial.

I. — Conformément à la conception exposée ci-dessus (§ 2, II) de la philosophie comme théorie scientifique générale ou théorie générale des sciences, on a vu aussi prendre naissance dans la littérature juridique l'opinion que la philosophie du *droit* doit être conçue comme une théorie *positive*-juridique générale ou comme une théorie générale du droit *positif*. Il est vrai que la philosophie du droit a toujours été en réalité une théorie générale du droit (1), mais antérieurement elle n'a jamais été conçue comme une théorie

(1) Ceci est remarqué aussi par MERKEL, initiateur de la nouvelle direction. La philosophie du droit, dit MERKEL (dans l'article Ueber das Verhältnis, *op. cit.* [v. aussi ci-dessous], p. 408), a toujours occupé la situation de partie *générale* du Droit. Elle s'est occupée des mêmes problèmes que nous assignons à la théorie générale du droit, par exemple des notions fondamentales de notre science, des rapports mutuels de ses parties, de ses rapports envers les sciences les plus proches ». Mais il n'en est pas cependant ainsi, dit-il, pour ce qui est de la façon dont ces problèmes doivent être pris en considération et pour ce qui est de leur rapport avec les problèmes dont s'occupent les sciences juridiques spéciales.

générale du droit *positif*, de sorte que ladite opinion apparaît comme une nouveauté.

1. L'idée d'une théorie générale du droit positif se trouve donc en germe dans les divers ouvrages consacrés à la philosophie du droit des différentes écoles. Mais cette idée tire son origine surtout des divers ouvrages consacrés à l'encyclopédie du droit ou à l'introduction générale à l'étude du droit, car dans ceux-ci on traite en premier lieu des principes *positifs*-juridiques généraux.

2. L'idée d'une théorie générale du droit *positif* a été formulée pour la première fois expressément, quoiqu'incomplètement, par le professeur *Falck* dans son ouvrage *Encyclopédie du droit* publié en 1821 (1). Dans les §§ 54-57 de cet ouvrage il démontre en particulier la nécessité d'instituer une théorie générale du droit (*allegmeine Rechtslehre*) en dehors de l'encyclopédie du droit. Mais, comme on le verra ci-dessous (III), en réalité c'est le professeur *Merkel* qui est l'initiateur véritable de la direction philosophico-juridique connue sous le nom de théorie générale du droit.

II. — 1. Le droit positif est, dit *Falck*, incomplet. Il ne renferme pas des prescriptions pour tous les cas qui se présentent. Et c'est justement parce qu'il est incomplet que tout droit « implique la supposition tacite qu'existent pour tous les cas indéterminés des principes juridiques que chacun peut connaître et auxquels chacun peut se tenir, dont on considère la promulgation comme superflue et qui ont pour cette raison facilement passé dans les lois. « Ces principes, en d'autres termes ces « vérités juridiques générales » (allgemeine Rechtswahhreiten) doivent par suite constituer l'objet d'un cours spécial appelé *théorie générale du droit* qui doit remplacer la philosophie du droit existante.

a) Puisque lesdits principes juridiques généraux ont à être appliqués aux cas non prévus dans la législation positive, ils doivent se distinguer, dit *Falk*, par ce caractère qu'ils sont « universellement reconnus », par le fait donc qu'ils apparaissent comme « nécessaires », « caractère essentiel de toutes les prescriptions juridiques » (wesentliche Charakter aller Rechtssätze). Leur nécessité devra être établie non pas par les recherches historiques relatives à la volonté du législateur, comme on établit la nécessité des autres principes

(1) Juristische Encyklopädie (auch zum Gebrauch bei akademischen Vorlesungen), Kiel, 1821, 2e éd., 1825, 3e éd., 1830, 4e éd., 1839. Sa 4e éd. a été traduite en français sous le titre de *Cours d'introduction générale à l'étude du droit ou Encyclopédie juridique*, Paris, 1841, par PELLAT.

juridiques, mais par des déductions tirées de faits reconnus. Cette espèce de nécessité peut être appelée « nécessité *logique* ».

b) En raison de ce fait que les vérités juridiques générales reposent sur la nécessité logique, c'est-à-dire sur leur « dépendance absolue des autres prescriptions et doctrines reconnues », la « théorie générale du droit » (allgemeine Rechtstheorie) peut, dit *Falck*, être fondée seulement par « le développement analytique de notions *données* » (gegebene Begriffe) et par le rattachement logique de ces notions entre elles. Et c'est justement en raison de leur déduction, par une argumentation strictement logique, de faits qui se produisent dans chaque société civile que l'on doit assigner le caractère de « *généralité* » aux vérités juridiques qui constituent la théorie générale du droit.

2. Tout en se déclarant adversaire du droit naturel, *Falck* reconnaît que les recherches sur le droit naturel ont beaucoup contribué à la préparation d'une théorie générale du droit. Par l'analyse des différentes relations vitales et par la détermination exacte de leur nature, ces recherches ont apporté au droit naturel des résultats « qui peuvent être transportés immédiatement dans une théorie du droit » (1). A cet égard la différence entre le Droit naturel et la théorie générale du droit consiste « seulement dans la forme, et non pas dans le fonds (contenu) même de la science ».

3. *Falck* appelle aussi sa théorie générale du droit Droit *naturel*. Le nom de Droit naturel est, dit il, également exact, puisque les principes naturels-juridiques ne reposent pas eux non plus sur des prescriptions arbitraires particulières. L'expression de droit naturel doit désigner les vérités juridiques *générales*, et c'est seulement si on le conçoit dans ce sens que l'on peut démontrer l'existence du droit de la nature. Il l'appelle aussi « théorie *rationnelle* du droit », eu égard à « la différence qui la sépare des recherches historiques ainsi que des doctrines philosophiques ».

III. — De ce qui vient d'être dit sur la conception de *Falck* il résulterait qu'en réalité cet auteur considère la théorie générale du droit comme la partie *générale* des sciences juridiques spéciales, qui doit être par suite obtenue au moyen de l'abstraction généralisatrice appliquée aux notions renfermées dans ces sciences. Il n'a pas

(1) FALCK cite (§ 52) GROTIUS et PUFFENDORFF, auteurs de la théorie du droit naturel, comme ayant un mérite tout particulier à cet égard, « car ils ont appliqué une attention particulière au développement des différents rapports vitaux, tandis que leurs contemporains s'occupent plutôt de considérations générales et spéculatives ».

cependant tiré cette conclusion logique de son idée d'une théorie générale du droit, mais il présente cette théorie, d'une façon maladroite du reste, simplement comme la discipline destinée à combler les lacunes du droit positif. En outre sa proposition de substituer au Droit naturel, et en général à la philosophie du droit existante, l'exposé des principes *généraux* découlant de l'analyse du droit *positif* est restée inaperçue. C'est pourquoi *Merkel* peut être considéré comme le véritable initiateur de la direction juridico-philosophique connue sous le nom de théorie générale du droit. Il a le premier précisé, développé et essayé d'appliquer l'idée hésitante de *Falck*. Il l'a précisée et développée dans son article : *Sur le rapport de la philosophie du droit avec la science juridique « positive » et avec la partie générale de cette science* (1), publié en 1874 et resté longtemps inaperçu. Il a essayé de l'appliquer dans ses ouvrages *Encyclopédie* du droit (2), et *Eléments de la théorie générale du droit* (3). C'est ce qu'a fait aussi, dans son ouvrage *Cours de théorie générale du droit*, le professeur russe Korkounov, qui a considérablement contribué à l'éclaircissement de cette direction juridico-philosophique (v. V).

IV. — 1. Dans le domaine de la science en général, dit *Merkel*, on peut remarquer un double mouvement spirituel : l'élargissement de plus en plus grand du savoir d'une part, et de l'autre la concentration de plus en plus grande du savoir, c'est-à-dire l'élargissement de la connaissance des rapports. Il désigne l'activité scientifique sur laquelle repose ce dernier mouvement, mouvement centripète, sous le nom d'activité *philosophique*. Celle-ci consiste donc dans la détermination des « éléments » auxquels se réduisent les phénomènes d'un domaine déterminé et dans l'établissement du rapport général de ces éléments et de leurs combinaisons réciproques. Elle est commune à toutes les sciences, de sorte qu'elle apparaît comme un élément général de l'activité scientifique. Elle est par conséquent aussi un élément général dans le domaine de la science du droit.

---

(1) Ueber das Verhältnis der Rechtsphilosophie zur « positiven » Rechtswissenschaft und zum allgemeinen Teil derselben, dans la Grünhut's Zeitschrift f. d. Privat-und öffentliche Recht der Gegenwart, Band 1, 1874, *op. cit.*, p. 1 et suiv., 402 et suiv. — V. aussi MERKEL, Hinterlassene Fragmente und gesammelte Abhandlungen aus dem Gebiete der allgemeinen Rechtslehre und des Strafrechts. Strassburg 1899 (2 vol.).

(2) Juristische Encyclopädie, Berlin, 1885.

(3) Elemente der allgemeinen Rechtslehre, dans la Holtzendorff's Enzyklopädie der Rechtswissenschaft, 5e éd., Leipzig, 1890, p. 5-44.

2. Le dépôt le plus considérable des résultats de ce travail philosophique dans le domaine des sciences juridiques spéciales est, dit *Merkel,* leur « *partie générale* ». C'est pourquoi on n'a rien à remarquer contre l'habitude de désigner la partie générale des sciences juridiques spéciales comme leur partie « *philosophique* ». Ce qui est impossible c'est seulement de venir à cette partie générale opposer la partie spéciale en l'appelant la partie « *positive* », comme l'a fait *Feuerbach* pour le Droit criminel, car la partie « philosophique » se rapporte elle aussi au droit *positif*. A la partie « philosophique » on peut donc opposer l'autre partie seulement au titre de partie spéciale, quoique là encore « seulement *grano sales* », car les parties particulières de la partie spéciale de chaque science juridique possèdent elles aussi leurs parties générales.

3. Mais de même que les sciences juridiques spéciales possèdent leurs parties générales ou philosophiques, de même l'*ensemble* de ces sciences doit posséder sa partie *générale* pour y trouver la réalisation complète de son unité. Ce sera « la partie *générale* des sciences juridiques considérées comme un tout, c'est-à-dire comme science du droit positif », et cette partie *Merkel* l'appelle « *théorie générale du droit* » (allgemeine Rechtslehre) et il ne désigne qu'elle comme *philosophie* du droit. Cette partie aura, dit-il, pour l'ensemble des sciences juridiques spéciales la même portée que pour chacune d'elles sa partie générale. Le travail de concentration qui a été interrompu avec les parties générales des sciences juridiques spéciales sur un point déterminé arbitrairement aura à être continué dans la théorie générale du droit et à y trouver son terme naturel ; et les résultats obtenus dans les dites parties générales devront y trouver leur confirmation ou leur correction. Les ébauches créées par ces parties ont ainsi à être refondues en un tout, dans lequel la vie juridique apparaîtra non plus simplement dans ses nombreuses particularités , mais dans son unité. La partie générale des sciences juridiques spéciales a, en d'autres termes, dit-il, pour rôle de les représenter dans leur liaison naturelle et d'écarter les entraves qui rendaient jusqu'à présent difficile l'établissement de cette liaison. Par là le travail philosophique dans le domaine des sciences relatives au droit atteindra son but.

4. Puisque la « théorie générale du droit » joue le rôle de partie *générale* des sciences juridiques considérées comme un tout, elle a, dit *Merkel,* pour *objet* ce qui est « *commun* » à toutes les branches du droit, et cela sera déterminé moyennant l'abstraction *généralisa-*

trice. Une telle conception des objets de ladite discipline paraît être en soi exacte. Mais, comme on le verra dans le livre suivant, *Merkel* ainsi que tous ses partisans (v. IX) ont mal conçu et déterminé « ce qui est commun à toutes les branches du droit ». Ils ne comprennent pas en réalité par là les notions juridiques *fondamentales* (v. § 1, I et § 8, II, 1), mais simplement les notions qui sont *communes* à toutes les sciences juridiques spéciales sans se préoccuper, s'il existe ou non entre elles un rapport de *coordination*, conçoivent donc la partie générale des sciences juridiques de la même façon que l'on conçoit les parties « *générales* » des sciences juridiques spéciales (v. § 7, I, 2). On le voit clairement par le contenu de leurs ouvrages, dans lesquels *parallèlement* à la notion de droit son traitées les notions subordonnées à celle-ci ou en sont des parties intégrantes. Leur abstraction généralisatrice a donc pris une mauvaise direction, de sorte qu'en réalité il n'y a pas de différence entre leur théorie générale du droit et la partie générale de certains ouvrages consacrés à l'*encyclopédie* du droit (v. § 16, III, 2). C'est pour cela que nous caractérisons leur direction philosophico-juridique comme une *théorie des notions communes à toutes les sciences juridiques spéciales* (v. § 18, II, 2 c pour la direction *d'Austin*).

V. — 1. De même *Korkounov* (1) conçoit la philosophie du droit comme une « *théorie générale du droit positif* », c'est-à-dire comme une « science juridique *générale* fondée comme toutes les autres sciences sur des données *expérimentales* », ayant pour rôle la « généralisation des matières fournies par les différentes sciences spéciales » dans le but de créer « avec les éléments concrets, *empiriques* que lui fournissent les branches particulières du droit » une « théorie d'ensemble ».

2. Parmi toutes les branches des sciences c'est surtout, dit *Korkounov*, dans le domaine du droit que l'on éprouve le besoin pressant d'un système général qui aurait à donner de l'unité à la science du droit. Il en est ainsi parce qu'il n'y a pas de science « qui touche de plus près aux questions vitales immédiates », de sorte qu'il paraît difficile de trouver quelqu'un qui soit complètement étranger aux problèmes juridiques ; puis aussi parce que nous ne pouvons pas « embrasser le droit dans son tout » comme par

(1) Cours de théorie générale du droit, traduction française, *op. cit.*, 2e éd., Paris, 1914, p. 19 et suiv., 34 et suiv. — V. aussi l'édition originale russe, 1re éd., 1886, 9e éd., 1909. — V. aussi la traduction anglaise sous le titre de General Theory of law (de HASTING). Boston, 1909.

exemple la voûte de ciel ou le corps d'un animal. Nous concevons ceux-ci « tout d'abord comme un tout » et ce n'est que l'analyse scientifique qui nous apprend à voir en eux « l'agrégat complexe d'une multitude d'éléments particuliers ». Au contraire pour ce qui est du droit nous n'apercevons directement que « les lois particulières, les transactions séparées ».

3. *Korkounov* constate que le but d'unifier les sciences juridiques, de donner une science « synthétique » sur le droit n'a été atteint ni par la méthode encyclopédique, « qui a cherché le remède, contre le dépècement exagéré de notre science, dans une revue, à la vérité superficielle, de toutes les sciences », ni par les systèmes philosophiques, « qui ont cru découvrir la source profonde de la science dans les principes *a priori* ». La philosophie du droit, la science « métaphysique » des principes absolus du droit sont peu à peu, dit il, remplacées par la théorie générale du droit, théorie qui par sa méthode ne se distingue pas des sciences juridiques spéciales, a pour fondement les « données positives et historiques » et par conséquent n'a pas le caractère « métaphysique » et ne s'attribue pas une valeur « absolue ». C'est à cette philosophie du droit, « conçue uniquement comme théorie générale du droit » conformément à la philosophie positive, qu'appartient, dit-il, l'avenir.

VI. — Dans sa préface à l'ouvrage de *Korkounov* « *Cours de théorie générale du droit* », *Larnaude* s'exprime en faveur de sa conception de la philosophie du droit comme « théorie générale du droit ». Un cours, dit-il, est nécessaire qui représente « l'ensemble de la science entière » et rend possible de concevoir son « esprit » et son « unité ». D'accord avec *Korkounov* il se prononce contre les « synthèses juridiques » sous la forme de l'encyclopédie du droit ainsi que sous la forme de philosophie du droit, soit que celle-ci entende établir un droit naturel, soit que dans la « phase de caractère plus scientifique » elle entende expliquer le droit positif par la voie « métaphysique », à savoir à l'aide de principes qu'apprend notre raison « sans l'appui de l'expérience ». *Larnaude* est partisan de la synthèse juridique qui porte le nom de « *théorie générale du droit*, de dogmatique de droit, de droit général (publié et privé) ». Elle se distingue, dit-il, des autres espèces des synthèses juridiques par sa méthode *inductive*. Elle n'use pas de l' « apriorisme ». Le rôle de la théorie générale du droit fondée sur cette méthode c'est d'établir la nature véritable des « notions juridiques les plus essentielles », la détermination des « catégories juridiques », dans lesquelles entrent la majorité des développements des codes et des lois. Il ne se prononce cependant pas sur les résultats de la généralisation qui doit être exécutée dans le domaine du droit, c'est-à-dire sur les notions ou sur les « principes juridiques les plus essentiels », qui doivent être les objets de la théorie générale du droit.

VII. — L'un des premiers adhérents de la conception de la philosophie du droit comme théorie générale du droit est aussi v. *Liszt* (1). Il a essayé de déterminer sa notion. Moyennant l'abstraction on détermine, dit-il, les « dernières ou suprêmes notions » de chaque science juridique particulière. Ainsi apparaît la partie générale du Droit criminel, du Droit civil, etc. et chacune de ces disciplines apparaît par conséquent comme un système de notions déterminées. Mais l'abstraction doit être continuée. Au-dessus des branches spéciales de la science du droit l'abstraction nous conduit dans le domaine de la « *théorie générale du droit* » (allgemeine Rechtslehre), c'est-à-dire crée la *partie générale* de la science du droit, partie « qui manque encore ». Les « notions juridiques *fondamentales* » (Grundbegriffe des Rechts) sont, dit-il, les objets de la théorie générale du droit.

VIII. — L'un des adhérents les plus dévoués et les plus sagaces de la théorie générale du droit est *Bergbohm* (2). La philosophie du droit doit être, dit-il, le « système de la philosophie du droit *positif* dans le sens de partie *générale* de la science du droit ». Les « notions juridiques *suprêmes* » (oberste Rechtsbegriffe) ou, comme il les appelle aussi, « *les plus générales* », doivent être ses objets, et elle doit par suite apparaître comme le système de ces notions. Elle se trouvera ainsi « au milieu » des sciences juridiques spéciales, mais en même temps « au-dessus d'elles ».

IX. — 1. En dehors des ouvrages de *Merkel* et de *Korkounov* le meilleur travail appartenant à l'école de théorie générale du droit est l'ouvrage intitulé « Leçons de la philosophie du droit » (Lezioni di filosofia del diritto) du professeur italien *Icilio Vanni* (3). En raison

---

(1) V. son article Rechtsgut und Handlungsbegriff im Bindingschen Handbuche. Ein kritischer Beitrag zur juristischen Methodenlehre, dans la Zeitschrift f. d. gesammte Strafrechtswissenschaft, 6e vol., p. 663.

(2) V. son ouvrage Jurisprudenz und Rechtsphilosophie. Kritische Abhandlungen. Erster Band : Einleitung. — Erste Abhandlung : Das Naturrecht der Gegenwart, Leipzig, 1892, p. 17 et suiv.

(3) V. 3e éd., Bologna, 1908 (riproduzione postuma di litografie fatte ad uso della scuola). V. aussi ses articles réunis sous le titre d' « Essais de philosophie sociale et juridique » (Saggi di filosofia sociale e giuridica), Bologna.

de la multitude des disciplines s'occupant du droit on doit, dit *Vanni*, « à cause de la nécessité bien connue imposée par le processus de cognition scientifique », monter au « dernier degré de la généralité », « unifier » le savoir juridique. En outre dans le domaine des sciences juridiques spéciales il y a également des « problèmes généraux » et des « principes communs » qu'aucune de ces sciences ne peut éclaircir par elle-même : « qu'est-ce que le droit, d'où provient-il, à quoi vise-t-il, quelle fonction exerce-t-il dans la vie sociale ». Il est donc évident, dit *Vanni*, que l'étude de ces problèmes nécessite « une *scientia altior* qui coordonnera les idées mères des différentes sciences juridiques, une science de ces premiers principes du droit, et qui en même temps fera rentrer et expliquera le droit dans le système de toutes les choses » (1).

2. *Vanni* désigne cette discipline exclusivement comme une *philosophie du droit*. Et comme on le voit, elle devrait être identique à la *théorie générale* du droit de *Merkel*. Il trouve cependant entre sa philosophie du droit et la théorie générale de *Merkel* une différence qui les lui fait considérer comme deux disciplines distinctes. La « jurisprudence générale » d'*Austin* (v. § 18) et la « théorie générale du droit » de *Merkel* ne peuvent pas, dit-il, constituer une véritable philosophie du droit, « parce que celle-ci ne doit pas se restreindre à l'unification des résultats des différentes sciences juridiques spéciales ou des principes communs aux différents systèmes du droit positif, mais doit monter aussi aux *premiers* principes du droit et rattacher le droit à l'ordre universel. « Les directions d'*Austin* et de *Merkel* tendent en effet à la « généralisation ou synthèse », mais celle-ci ne peut pas posséder un caractère philosophique » (2).

En réalité cependant, la généralisation juridique suprême de *Merkel* tend elle aussi à nous faire arriver aux « premiers principes », et ceci implique la nécessité de rattacher le droit à l' « ordre universel », puisqu'autrement on ne pourrait pas sérieusement effectuer la détermination de la *matière* du droit, détermination à laquelle *Merkel* tient tout particulièrement. Il n'y a donc pas en réalité de différence entre *Vanni* et *Merkel* (3). La différence existe, comme on le verra (v. § 18, II, 2), seulement entre eux deux et *Austin*.

---

(1) P. 10 et suiv.

(2) P. 23.

(3) VANNI définit la philosophie du droit (p. 17) une « science qui, tandis qu'elle intègre les sciences juridiques dans l'unité de leurs principes généraux, rattache en même temps le droit à l'ordre universel, et en liaison avec cet ordre

§ 18. — Directions philosophico juridiques de l'école analytique anglaise de jurisprudence, considérées au point de vue de la synthèse du savoir juridique spécial.

I. — L'idée d'une science *générale* du droit *positif*, n'ayant pas, de même que la direction de la théorie générale du droit, de caractère synthétique et apportant une conception particulière de la « généralité », a pris naissance dans la littérature juridique anglaise beaucoup plus tôt que la direction de la théorie générale du droit. Elle a été émise pour la première fois par *John Austin* (1790-1859) dans sa dissertation « Esquisse d'un cours de science générale du droit (jurisprudence générale) ou philosophie du droit positif » (1), publiée en 1831 comme un résumé de son cours à l'Université de Londres.

En 1832 *Austin* a publié la première partie de son cours de « jurisprudence générale » sous le titre de « Domaine de la jurisprudence déterminée » (2). Il y parle de la notion du droit et de quelques autres, comme par exemple de la notion de la morale, dans le but de distinguer la première de ces autres notions, avec lesquelles elle est, dit-il, constamment confondue, et par conséquent de délimiter le domaine de sa jurisprudence générale, d'où vient aussi le titre dudit ouvrage. Il y a ajouté comme supplément sa dissertation ci-dessus mentionnée intitulée « Esquisse d'un cours de jurisprudence générale ou philosophie du droit positif ». Et l'ouvrage lui-même est divisé en six « leçons » (lectures) faites à l'Université de Londres de 1828 à 1832. Après la mort d'*Austin*, M. *Sarah Austin* a publié également, de 1861 à 1863, sous le titre de « *Cours de jurisprudence ou de philosophie du droit positif* » (Lectures ou jurisprudence or

---

expose la formation historique du droit dans la société humaine et recherche au point de vue éthique ses exigences rationnelles ». — Un autre ouvrage italien bien fait appartenant à la direction de la théorie générale du droit c'est la « philosophie du droit » (filosofia del diritto) de GROPALLI, Milano, 1906. La philosophie du droit est, dit GROPALLI (p. 35), une « science qui, en collaboration avec la sociologie, aspire à coordonner et à synthétiser les résultats plus généraux des sciences juridiques spéciales, dans le but de rechercher d'une part les lois de la formation du droit et sa fonction sociale, de l'autre à étudier les conditions et les normes, par lesquelles on peut avec le temps améliorer les ordres juridiques ».

(1) An outline of a course of lectures on général Jurisprudence or the philosophy of positive law, London, 1831.

(2) The province of Jurisprudence determined London, 1832.

the phisolophie of positive law), le reste de son cours, du moins ce qu'elle en a pu retrouver dans ses manuscrits (à l'aide de *J. St. Mill*, élève d'*Austin*), en réunissant cette dernière partie du cours à la première partie publiée par *Austin* lui-même. Cet ouvrage, inachevé et de caractère fragmentaire, représente l'élaboration en détail du programme et du cours exposé dans l'« Esquisse ». Il est divisé en trois livres. Le premier livre est la deuxième édition non changée du « Domaine de la jurisprudence déterminée » d'*Austin*. Les livres deuxième et troisième renferment le reste de son cours qui a été conservé. Plus tard, en 1869, *Robert Campbelle* a publié la deuxième édition de cet ouvrage avec ses annotations ajoutées à titre d'explications. Cette édition est divisée en deux livres. Son édition la plus récente, celle de 1885, n'apporte aucun changement. Ultérieurement l'ouvrage d'*Austin* a été encore réimprimé plusieurs fois avec les annotations de *Campbelle*. La dernière réimpression est de 1911.

II. — D'après *Austin* il faut qu'il existe une science qui aura pour objets les « *notions* (principes et, ajoute-t-il aussi, distinctions) *qui sont communes aux divers systèmes du droit positif* » (1). Cette science il l'appelle « *jurisprudence générale* » ou aussi « *philosophie du droit positif* », et c'est à elle qu'il a consacré son ouvrage ci-dessus mentionné (v. I).

1. La philosophie du droit doit donc, suivant lui, limiter son activité au droit *positif*, droit qui est, comme il le dit, « établi ou positum dans une communauté politique indépendante par l'exprès ou tacite pouvoir de son souverain ou par le gouvernement suprême », en quoi sa discipline coïncide avec la théorie générale du droit de *Merkel*. *Austin* fait ressortir cette particularité de sa science par l'emploi du terme de « philosophie du *droit positif* » à côté du terme de « jurisprudence générale ».

2. La philosophie du droit a donc pour objet les notions (« principes et distinctions ») qui sont *communes*, non pas au droit positif de tel ou tel autre Etat ou, d'après *Merkel*, aux différentes sciences juridiques spéciales sans se préoccuper des législations qui constituent leurs matériaux, mais aux « *différents systèmes du droit positif* », c'est-à-dire à toutes les législations ou au droit positif en général. Ce sont, dit-il, les notions que chacun des divers systèmes positifs-juridiques « renferme inéluctablement ». De cette façon la philosophie

(1) V. Lectures on jurisprudence (1911), vol. 2, p. 1077, ainsi que vol. 1, p. 172 et suiv.

du droit positif d'*Austin* apparaît en effet comme une théorie *générale* du droit, mais « générale » dans un autre sens, et non pas dans le nôtre ou dans celui de *Merkel*. Elle est la théorie générale de *toutes les législations*, c'est-à-dire la théorie des notions qui sont communes à elles *toutes* et non pas la théorie générale du savoir juridique spécial renfermé dans les sciences juridiques spéciales. Elle est par suite loin de représenter la synthèse du savoir relativement aux institutions juridiques, elle en est plus loin que la théorie générale de *Merkel*.

a) L'ouvrage d'*Austin*, à la différence des travaux de *Merkel*, ne tend, ni consciemment, ni même *inconsciemment* vers la *synthèse* du savoir renfermé dans les sciences juridiques spéciales. Qu'il en soit ainsi, cela résulte déjà de ce qu'il n'y a jamais fait nulle part même la moindre allusion, et cependant il souligne expressément son intention de découvrir et d'établir les notions juridiques communes aux *législations*. On le voit aussi par le fait qu'il oppose à sa jurisprudence générale la jurisprudence spéciale conçue, non pas comme la somme des sciences juridiques spéciales relatives aux institutions juridiques de *toutes* les législations, mais simplement comme la science du droit positif d'un Etat *déterminé*, et de cette façon sa jurisprudence *générale* n'apparaît pas comme la continuation du travail généralisateur de la jurisprudence spéciale, comme cela devrait être, si *Austin* avait en vue la synthèse du savoir juridique spécial.

b) On le voit aussi par la confusion terminologique d'*Austin* par rapport à la désignation des *objets* de sa jurisprudence générale. En effet il ne désigne pas ces objets seulement comme des notions *ou* tout au moins seulement comme des principes, mais tantôt comme des « notions *et* principes », tantôt comme des « notions, principes *ou distinctions* », tantôt simplement comme des notions ou comme des principes, tantôt comme des « notions *et* distinctions », et même aussi comme des « sujets et buts » (subjects and ends) (1). D'une part il perd donc de vue que le mot principe ne désigne pas quelque chose qui diffère par son essence du mot notion. De l'autre il considère également comme objet à part de la jurisprudence générale les

---

(1) Lectures on jurisprudence, vol. 1, p. 32 et vol. 2, p. 1072-1077. De même aussi un partisan d'*Austin*, HOLLAND (The elements of jurisprudence, *op. cit.* ci-dessous, p. 7-9) désigne les objets de la jurisprudence tantôt comme des « rapports de l'humanité », tantôt comme des « idées et méthodes », tantôt comme des « méthodes et buts », tantôt comme des « distinctions ».

« *distinctions* «, par exemple la distinction entre l'illicite privé et l'illicite criminel, perdant de vue que la science est le système des notions et que les soi-disantes distinctions sont, non pas quelque chose d'indépendant à côté des notions ou des principes, mais seulement une conséquence de l'existence simultanée des différentes notions. De ce chaos d'*Austin* on voit clairement qu'il n'a pas été en état d'arriver à la conscience de la nécessité d'une synthèse du savoir juridique spécial.

c) Quand on considère comme objets de la « jurisprudence générale » les notions *communes* à toutes les législations, cette discipline aura pour objets tant les notions communes à *toutes* les branches du droit de tous les Etats que les notions communes seulement à telle ou telle branche du droit (au droit criminel seulement par exemple) de *tous* les Etats. Par là aussi on voit que l'ouvrage d'*Austin* est loin d'être une science synthétique des institutions juridiques. Sa jurisprudence générale doit donc être un ensemble de notions sans rapport de coordination les unes envers les autres. Tel est bien en effet le caractère de son ouvrage, car il a comme objets à côté de la notion du droit d'autres notions sans rapport de coordination avec la notion de droit (v. sur ceci le 2e livre). Il a donc le caractère d'une encyclopédie du droit (v. § 16), conçue dans un sens particulier. La direction qui y est fondée peut être caractérisée comme la *théorie des notions communes à tous les droits positifs*, à la différence de la direction de *Merkel* que nous avons caractérisée (v. § 17, IV) comme la théorie *des notions communes à toutes les sciences juridiques spéciales*.

d) Le caractère non synthétique de la jurisprudence d'*Austin* est du reste tout à fait compréhensible, lorsqu'on a en vue l'état non systématique des sciences juridiques anglaises tel qu'il existe encore aujourd'hui (v. § 7, II). Les sciences juridiques spéciales anglaises n'ont pas représenté les systèmes des notions, et par suite *Austin* lui non plus n'a pas pu arriver à l'idée d'un système synthétique du savoir renfermé dans ces sciences, c'est-à-dire à l'idée d'un système qui serait la continuation de leur travail synthétique plus restreint.

III. — 1. L'ouvrage d'*Austin* « Lectures ou Jurisprudence or philosophy of positive law » sans être lui-même une philosophie synthétique du droit est certainement d'une grande importance à titre de source pour une telle philosophie. Sa valeur a été cependant, comme le remarque l'auteur de ses éditions postérieures, *Campbell*, « remarquée trop tard » en Angleterre, et sur le continent cet ouvrage est encore aujourd'hui presque inconnu. Mais depuis quelques dizaines d'années on a tout de même commencé à l'apprécier beaucoup en Angleterre, et son influence y est devenue tellement puissante qu'il a occasionné l'apparition d'une littérature abondante de la même direction.

2. Ladite littérature se fonde sur l'idée d'*Austin* que la « jurisprudence générale » doit se limiter au droit *positif*. Cette direction est dénommée « *école analytique anglaise de jurisprudence* » (the analytical english school of jurisprudence) ou simplement, par exemple chez *Harrison*, « école anglaise de jurisprudence ». Ses partisans sont en conséquence appelés « juristes analytiques » (1). Le terme d' « analytique » doit indiquer que cette école se propose l'*analyse* du droit positif. Dans ce sens il est opposé comme « jurisprudence analytique » à la « jurisprudence historique » ou quelquefois aussi à la « jurisprudence comparée » (historical and comparative jurisprudence). Cependant évidemment l'expression « analytique » n'est pas propre à séparer conceptionnellement la « jurisprudence générale » de cette école des sciences juridiques spéciales, puisque celles-ci aussi analysent le droit positif.

3. L'école analytique de jurisprudence est presque généralement suivie dans la littérature juridique anglaise, de sorte qu'elle a complètement écarté l'école de droit naturel et l'école de droit rationnel et qu'elle est suivie aussi dans le Droit public international (2). Mais on l'indentifie faussement avec la *direction philosophico-juridique* d'*Austin*, car cette direction n'est pas admise par certains partisans de l'école analytique, par exemple par *Salmond* (v. IX) (3).

4. *a*) *Austin* désigne sa discipline non seulement comme la

(1) « Le terme d'analytique est, dit WHARTON (Commentaries on law, *op. cit.* ci-dessous, p. 10, note 3), appliqué à cette école par Sir S. MAINE, HOLLAND et POLLOCK comme un terme admis déjà complètement ». WHARTON s'en sert lui aussi, mais il reconnaît qu'il n'est pas apte à caractériser cette école, puisque, dit-il, le droit est analysé aussi par d'autres écoles, par exemple celle de HEGEL, « avec une perspicacité logique tout au moins égale ». V. aussi SUMMER MAINE, The early history of institutions, *op. cit.* ci-dessous, p. 343 ; HASTIE (v. ci-dessous) préface, p. XIII.

(2) Un livre spécialement important à cet égard c'est l'ouvrage de LAWRENCE, The principles of International Law, London, 1895, 4ᵉ éd., 1910. Il est fondé sur l'idée que le droit public international n'est que l'ensemble des « prescriptions réellement admises », c'est-à-dire de celles auxquelles les États s'en tiennent réellement, donc seulement le droit international *positif*, et que c'est seulement ce droit international qui fournit les matériaux de la science du droit international.

(3) Jurisprudence (1902), London, 4ᵉ éd., 1913.

« jurisprudence » et la « philosophie du droit positif », mais aussi comme la « jurisprudence générale » (general jurisprudence) ou comme la « jurisprudence *universelle, comparée ou abstraite* » (universal, or comparative, or abstract jurisprudence) (1). Ces termes sont également employés par les autres partisans de cette direction. Sa jurisprudence est appelée jurisprudence générale, universelle ou comparée, parce qu'elle se base sur tous les systèmes positifs-juridiques, de tous les temps et peuples (ou du moins, comme *Austin* le dit, sur ceux de ces systèmes qui sont comme « murs »). Elle est désignée aussi comme jurisprudence abstraite, parce que, si elle se base sur tous les systèmes positifs-juridiques, elle n'a pas en vue précisément tel ou tel système déterminé, anglais ou romain par exemple (c'est-à-dire qu'elle en fait abstraction).

b) Les partisans de cette direction ainsi que des autres directions, moins importantes, de l'école analytique se servent aussi d'autres termes. Ainsi l'on trouve (par exemple chez *Hearn*) le terme de « jurisprudence *analytique* (analytical) » en raison de ce qu'elle analyse (v. 2) le droit positif ; puis ailleurs le terme de « jurisprudence *théorique* (theoretical) », qui est employé aussi, en passant, par *Austin*, comme opposé au terme de « jurisprudence *pratique* (practical) », lequel doit désigner la science du droit positif d'un Etat déterminé ; on trouve même aussi inversement le terme de « jurisprudence *pratique* » en raison, dit-on (par exemple *Clark*), de ce que cette discipline étudie le droit, non pas comme un « objet des hypothèses philosophiques », c'est-à-dire tel qu'il doit être, mais comme un « objet pratique », c'est-à-dire tel qu'il est ; enfin on rencontre le terme de « jurisprudence *formelle* (formal » comme opposé au terme de « jurisprudence matérielle », car la première s'occupe, dit *Holland* (2), « des divers rapports réglés par les prescriptions juridiques qui sont généralement reconnues », et non pas du droit positif de tel ou tel état.

c) C'est cependant le terme de « *jurisprudence* », science juridique (the legal science, science of law) qui est le plus fréquemment employé. L'emploi de ce terme dans ce sens est, comme le dit *Salmond*, qui en fait également le titre de son ouvrage, « une particularité de la nomenclature anglaise », car dans la littérature étran-

(1) Lectures on jurisprudence (1911), vol. 1, p. 31 et suiv., vol. 2, p. 1072 et suiv.

(2) The elements of jurisprudence, *op. cit.*, p. 5 (v. aussi ci-dessous, IX pour SALMOND).

gère ce terme désigne l'ensemble des sciences juridiques (1). Mais *Salmond* s'aperçoit lui aussi que l'expression de « jurisprudence » doit désigner l'*ensemble* des sciences du droit, et c'est pour cela qu'il l'emploie aussi dans ce sens. La branche du droit désignée simplement d'ordinaire comme la jurisprudence n'est pas, dit *Salmond*, seule à avoir « droit au nom de jurisprudence ou science juridique (legal science) ». Elle n'est pas, « comme certains le disent », « la science juridique (the science of law) », mais simplement une partie de cette science, son « introduction » (2). De même *Austin* fait lui aussi remarquer que l'expression de « jurisprudence » doit désigner l'ensemble des sciences du droit, quoiqu'il l'emploie lui-même dans le sens restreint qui vient d'être indiqué. C'est pourquoi il distingue la « jurisprudence » ainsi conçue en jurisprudence générale (general) et en jurisprudence spéciale (particular) (3).

Mais tandis que les autres, tout en se servant habituellement du terme de « jurisprudence », appellent cependant cette discipline jurisprudence générale, quand ils veulent la distinguer de la science du droit d'un Etat déterminé, « jurisprudence spéciale », *Holland* n'admet pas l'emploi du terme de « générale ». L'attribut de générale signifierait, suivant lui, que les principes d'une certaine discipline, ses vérités scientifiques n'auraient pas un caractère général et ne seraient pas universellement applicables, si ses généralisations n'étaient pas fondées sur le droit de *toutes* les législations. Ceci, dit *Holland*, n'est cependant pas exact et c'est pourquoi il rejette l'attribut en question. Il est vrai seulement que plus vaste est le champ d'observation, et plus il y aura de chances que les principes d'une science soient justement et complètement posés ; mais ces principes en tant qu'ils sont des vérités scientifiques, sont « toujours généraux et universellement applicables » (4). Cette objection de *Holland* est évidemment juste, mais il perd de vue que le terme de « générale » n'est pas employé par *Austin* dans le sens qu'il lui prête, mais que cet auteur entend seulement dire par là que sa discipline se base sur tous les systèmes juridiques, et non pas sur le droit d'un Etat

(1) Jurisprudence, *op cit*, p. 7.

(2) Jurisprudence, *op. cit.*, p. 6.

(3) Lectures on jurisprudence, vol. 1, p. 1072, vol. 2, p. 1077. — Le terme de « jurisprudence » correspondant au terme latin « jurisprudentia » est employé dans la littérature française dans un autre sens, à savoir pour désigner les décisions (jugements) que les autorités judiciaires rendent habituellement sur telle ou telle autre question.

(4) The elements of jurisprudence, p. 9-10.

déterminé, comme la « jurisprudence spéciale », et aussi que les notions de sa discipline sont en général d'un degré conceptionnel supérieur.

IV. — Les théories d'*Austin* sur les « notions communes à tous les systèmes juridiques » sont aussi actuellement plus ou moins dominantes dans la littérature juridique anglaise (1). « L'analyse de nos idées primaires en droit qui s'est enfin réduite à la méthode de *John Austin* d'il y a cinquante ans reste encore pour les anglais, dit *Harrison*, le fondement de la jurisprudence rationnelle ». Mais ses doctrines particulières ont rencontré des ennemis même parmi les partisans de sa direction. « Il est à désirer, dit ensuite le même *Harrison*, qu'on se dégage de l'admiration exagérée dont fut entouré l'ouvrage d'*Austin* ». Ses théories renferment, dit-il, peu d'éléments qui seraient dans un certain sens nouveaux. Elles peuvent être ramenées à un petit nombre de très simples suppositions, « dont la véracité a été affirmée d'une façon trop absolue ». Pour le prouver, *Harrison* a soumis à la critique les doctrines d'*Austin* les plus importantes qui peuvent être trouvées, dit-il, « dans leur essence » chez *Bentham* et « sous une forme beaucoup plus distincte » chez *Hobbes* (2). C'est à ce même point de vue critique à l'égard des doctrines d'*Austin* que se placent *Sumner Maine*, *Wharton*, *Spencer*, *Pollock*, *Markby*, *Holland*, *Hastie*, *Bucland* et bien d'autres (3).

Mais néanmoins on est unanime à reconnaître les services rendus par *Austin* à la science juridique anglaise. Il a introduit, dit-on,

(1) L'école analytique a également des partisans en Ecosse, mais surtout dans les Etats-Unis d'Amérique. Parmi les ouvrages américains les meilleurs sont ceux de WHARTON (Francis), Commentaries on law, Philadelfia, 1884 et GRAY, The nature and sources of the law, New-York, 1909. En Ecosse on suit habituellement les écoles de droit naturel et de droit rationnel et l'école hégélienne. Ainsi par exemple LORIMER, The institutes of law, a treatise on the jurisprudence as determined by Nature, Edinburgh, 1846, 2e éd., 1880 (v. aussi la traduction française de cet ouvrage : Principes de droit naturel) ; MILLER, Lectures on the Philosophy of law, Edinburgh et The data of jurisprudence, Edinburgh, 1093 ; HASTIE, Outlines of the science of jurisprudence.

(2) The english school of jurisprudence, dans la Fortnightly Review, 1878, p. 475.

(3) Toutes ces critiques reprochent aussi à l'ouvrage d'AUSTIN l'imperfection du style. Son style est, dit POLLOCK avec beaucoup d'exagération (Essays in jurisprudence and ethics, *op. cit.* ci-dessous, p. 9), « difficilement élaboré et produit sur certaines personnes un effet qui va jusqu'à l'aversion ». On lui reproche ensuite justement les répétitions, le caractère fragmentaire et l'absence de concision, de sorte qu'il est, dit-on, difficile à comprendre pour un commençant. V. par exemple SUMMER MAINE, Lectures on the early history of institutions, London, 1875, p. 345.

l' « exactitude des pensées et des expressions » dans la science juridique anglaise « qu'il a trouvée, malgré les travaux de *Hobbes* et de *Bentham*, à l'état de masse non digérée de théories instables et de terminologie non établie » (1). On lui reconnaît surtout le mérite d'avoir séparé le droit d'avec la morale et la politique, ce par quoi il a, dit-on, dégagé la science du droit des idées fausses qui entravaient son développement normal. C'est pourquoi *S. Maine* dit que les ouvrages d'*Austin*, même s'ils n'ont pas d'autres utilités, restent indispensables au moins « pour éclaircir les têtes » (2). C'est pourquoi *Austin* est désigné par les juristes anglais comme « un des plus grands penseurs juridiques modernes », comme le « leader de la pensée juridique », comme l' « idole de nos juristes contemporains » (3). Avec *Austin* le droit anglais a trouvé, dit *Harrison*, « la première conception claire d'une jurisprudence abstraite, c'est-à-dire l'étude méthodique de la langue juridique générale » (4).

V. — *Austin* comme fondateur d'une direction philosophico-juridique anglaise et en général de l'école analytique anglaise a comme prédécesseur seulement *Hobbes* avec son ouvrage « Droit civil » qu'il cite. Et ses théories particulières, surtout sa théorie sur la notion du droit, s'approchent à plusieurs égards des théories correspondantes de *Hobbes* ainsi que de celles de *Bacon*. Ceci a amené, quoiqu'injustement, certains auteurs à considérer ces deux auteurs, surtout *Hobbes*, comme les *fondateurs* de l'école analytique (5).

1. Les contributions de *Bacon* (1561-1626) à la science du droit se trouvent dans le livre sept (Lib. VII) de son ouvrage *De dignitate et augmentis scientiarum* et dans son ouvrage *Legus Legum*. Il y reconnaît, dit *Hastie*, la « science universelle qu'est la jurisprudence » comme le « couronnement de toute la philosophie humaine », il

---

(1) V. Dictionary of national biography, vol. 2, London, 1885, p. 268.

(2) Village communities, *op. cit.* ci-dessous, p. 4.

(3) V. WHARTON, *op. cit.*, p. 140 ; SPENCER, Justice, Paris, 1903, p. 61.

(4) *Op. cit.*, p. 482. Il était naturel, dit-il, que l'affirmation la plus claire et la plus logique de la doctrine de la séparation du droit positif d'avec le droit naturel et la morale émanât d'un Anglais. Car sur le continent une tendance existait à réduire le droit à la volonté d'un souverain ou à quelques principes sublimes de justice absolue ou au principe suprême de la sécurité publique, tandis que pour le juriste anglais un « case » (scil. jurisprudence) ou un « statute » (scil. loi) sont la source du droit, et que pour les juristes anglais traitant du droit public (publicistes) le Parlement représente un « phénomène de pouvoir illimité ».

(5) V. WHARTON, *op. cit.*, p. 90 ; SUMMER MAINE, Lectures, *op. cit.*, p. 345 ; HASTIE, *op. cit.*, XIV.

insiste sur sa relation conceptionnelle avec l'art de gouverner et fait ressortir l'importance capitale de la recherche des sources du droit (1).

2. Les contributions de *Thomas Hobbes* (1588-1679) à la science juridique se trouvent principalement dans son *Leviathan*, publié en 1651, ouvrage connu particulièrement par sa doctrine de la souveraineté absolue et irresponsable comme le seul fondement et l'unique source des droits subjectifs (2). Dans le *Leviathan*, *Hobbes* dit que son but n'est pas de montrer « ce qu'est le droit d'ici ou de là, mais ce qu'est le droit » (3), c'est-à-dire ce qu'il y a de général dans le droit, et c'est de la même façon que s'exprime *Austin*. On voit par là que *Hobbes* a influé sur *Austin*.

3. *Austin* dit lui-même qu'il a subi l'influence de *Leviathan*, de *Hobbes* et surtout de l'ouvrage de *Hugo*, Traité du *droit naturel conçu comme une philosophie du droit positif* (Lehrbuch des Naturrechts als einer Philosophie des positiven Rechts), publié en 1799. L'ouvrage de *Hugo* est, dit *Austin*, intitulé « droit naturel », mais son auteur traite du droit naturel non pas suivant la conception habituelle de ce droit, mais dans le sens de droit positif. Il remarque qu'il a emprunté le titre de son ouvrage « Cours de jurisprudence ou de philosophie du droit *positif* » à l'ouvrage de *Hugo*.

4. Il existe encore deux prédécesseurs plus proches d'*Austin*. L'un d'eux est *W. Blackstone*, dont l'ouvrage *Commentaires du droit anglais* (Commentaries on the laws of England), publié en quatre volumes 1765-1769, est encore aujourd'hui, dans ses éditions nouvelles, le plus en usage en Angleterre. L'autre, plus considérable, est *Jeremy Bentham* (1748-1832), dont l'ouvrage principal *Principes de morale* et de *législation* (Principles of morals and legislation) fut publié en 1780 (en anglais et en français) ; *Austin* en a admis et développé le principe utilitariste (the greatest happines of the greatest number).

---

(1) *Op. cit.*, XII-XIII. HASTIE ajoute que BACON n'a apporté « aucune nouvelle méthode vraiment importante dans le domaine du droit, pas plus qu'il n'a indiqué de voie nouvelle pour une découverte universelle et permanente par rapport à la nature du droit subjectif ». V. également sur BACON, LERMINIER, Introduction à l'histoire du droit, p. 89. Quant à la philosophie et à la théorie du droit, son ouvrage, dit LERMINIER, ne peut avoir de « rang » ni d' « importance » dans l'histoire de la science.

(2) « Le principe empirique de la méthode de BACON a trouvé, dit HASTIE (*op. cit.*, XIII), son développement logique et puissant entre les mains de HOBBES ».

(3) V. Leviathan, Oxford, 1884, p. 204-205 (« my design being, not to show what is law-here and there ; but what is law »).

Il est même désigné par beaucoup d'auteurs anglais comme le *principal représentant*, avec *Austin*, de l'école analytique (1). Ceci n'est d'ailleurs pas juste, car, selon la remarque d'un de ceux qui le désignent également ainsi, *S. Maine*, *Bentham* a traité principalement de la « législation », du droit « tel qu'il peut et doit être », tandis qu'*Austin* s'occupe principalement du droit « tel qu'il est », donc du droit positif.

VI. — Comme on l'a remarqué, l'ouvrage d'*Austin* a bien donné naissance à la nombreuse littérature de la soi-disant école analytique anglaise.

1. Il ne manque pas d'ouvrages qui consistent en « résumés », « analyses », « introductions » ou « commentaires » du Cours de jurisprudence d'*Austin*. Ainsi G. *Campbell*, An analysis of Austin's Lectures on jurisprudence or the philosophie of positive law, 1877 ; *R. Campbell*, Lectures on jurisprudence or philosophy of positiv law, 1875, résume de l'ouvrage d'*Austin* pour étudiants ; *W. J. Brown*, The Austinian theory of law, 1906 ; *E. C. Clark*, Practical jurisprudence, a comment on Austin, 1883 ; *Eastwood*, A brief introduction to Austin's theory of positive law and sovereignity, 1916 ; *Pillay*, A epitome of Maine's Ancient law and Austin's Jurisprudence, 1915 (dans l'Inde).

2. Parmi les ouvrages indépendants dans le domaine de la jurisprudence analytique les plus importants sont : *Amos*, A systematic view of the science of jurisprudence, 1872 et The science of law, 1874 ; *Markby*, Elements of law, 1871, 6e éd., 1905 ; *Holland*, The elements of jurisprudence, 1880, 5e éd., 1890 ; *Polloc*, A first book of jurisprudence, 3e éd., 1911 ; *Hastie*, Outlines of the science of jurisprudence ; *Hearn*, The theory of legal duties and rights, 1883 ; *Wharton* (juriste américain), Commentaries on law, 1884 ; *Salmond*, Jurisprudence, 1902, 4e éd., 1913, dont la direction philosophico-juridique diffère considérablement de celle d'*Austin* (v. IX) ; *Gray* (juriste américain), The nature and sources of the law, 1909 (2).

---

(1) Ainsi S. MAINE, The early history of legislation, *op. cit.*, p. 343 ; F. WHARTON, *op. cit.*, p. 10 et 90 (BENTHAM et AUSTIN sont, dit-il, « les chefs modernes de ce qu'on appelle l'école analytique »).

(2) V. aussi : LIGHTWOOD, The nature of positive law, London, 1883 ; HOLLAND, Essays upon the form of the law, London, 1870 et A plan for the formal amendment of the law of England, London ; POLLOCK, Essays in jurisprudence and ethics, London, 1882 ; MITRA, Lecture-notes on Markby's Elements of law, Calcuta ; BROOM, Philosophy of law, 1876 ; RATTIGNAN, The science of jurisprudence, London, 1888 ; AMOS, Law as science and as art, London, 1874 ;

VII. — Les travaux d'*Austin* qui a, comme le dit *Hastie*, « dominé l'éducation juridique et déterminé les façons juridiques de penser en Angleterre pendant les cinquante dernières années » (1), ainsi que les autres travaux de l'école analytique, sont restés presque inconnus sur le continent. Les auteurs anglais font ressortir avec étonnement ce manque d'attention envers *Austin* (2), quoiqu'ils négligent complètement de leur côté la littérature continentale (3). Ceci est naturellement nuisible aux uns et aux autres, mais c'est bien plus nuisible à la littérature anglaise, ce que du reste ses représentants les plus clairvoyants reconnaissent eux-mêmes (v. § 7, II) (4).

VIII. — *Pollock* a essayé de contester la nécessité de la jurisprudence abstraite d'*Austin* (5). Ses arguments sont de telle nature qu'ils s'attaquent aussi à la nécessité d'une philosophie synthétique du droit et des sciences juridiques (v. § 13), et c'est pourquoi ils seront exposés ici.

Pour démontrer la superfluité de la jurisprudence d'*Austin*,

---

CLARK, Jurisprudence, its use and its place in legal education, dans The Law Quarterly Review, vol. 1 (1886). — V. sur l'école analytique SUMMER-MAINE, Lectures on the early history of institutions, London, 1875, p. 343 et suiv., 397 et suiv., et Village communities in the east and west, London, 3e éd., 1876, p. 4 ; AMOS, Law as science, *op. cit.*, p. 10 et suiv. ; WHARTON, *op. cit.*, p. 10 et suiv., 90 et suiv., 140 et suiv., 163 et suiv. ; HASTIE, *op. cit.*, p. VII-XXXVI ; SPENCER, The man versus the state, London, 1888, p. 78 et suiv. ; HARRISON, The english school of jurisprudence, *op. cit.*, dans The Fortnighty Review, London, vol. 24 (1878), p. 475 et suiv., 682 et suiv., vol. 25 (1879), p. 114 et suiv. ; BERGBOHM, Jurisprudenz und Rechtsphilosophie, *op. cit.*, 1892, p. 12-17 ; J. ST. MILL, dans la Edinburgh Review, 1863 ; PULSZKY, The theory of law and civil society, London, 1883 (d'après l'édition hongroise) ; GOADBY, Introduction to the study of law (pour les étudiants égyptiens), London, 1910, 2e éd., 1914 ; BUCKLAND, Difficulties of Abstract Jurisprudence, dans The Law Quarterly Review, London, vol. 6 (1890), p. 436-445 ; VANNI (v. § 17, IX) ; DICEY, dans le Law Mag. and Rev., vol. 5, p. 382.

(1) *Op cit.*, p. XV.

(2) V. par exemple SUMMER MAINE, Lectures on the early history of institutions, *op. cit.*, p. 343, 398 ; MARKBY, Elements of law, *op. cit.*, préface de la 1re éd.; SALMOND, Jurisprudence, *op. cit.*, 4e éd., p. 488.

(3) Comp. aussi BERGBOHM, Jurisprudenz und Rechtsphilosophie, *op. cit.*, p. 12.

(4) SUMMER MAINE (Lectures on the early history of institutions, *op. cit.*, p. 343) n'exagère pas, si l'on tient compte de l'état de la littérature au temps d'AUSTIN, lorsqu'il dit qu'à BENTHAM, et plus encore à AUSTIN, le monde doit « le seul essai existant de construction d'un système de jurisprudence par un processus strictement scientifique et d'établissement dudit système, non pas sur des suppositions *a priori*, mais sur l'observation, la comparaison et l'analyse des diverses conceptions juridiques ».

(5) Essays in jurisprudence and ethics, London, 1882.

Pollock fait une comparaison entre les sciences juridiques et les sciences linguistiques et médicales, et cela à propos de la comparaison que fait *Holland* entre la jurisprudence abstraite et la grammaire abstraite (1). La grammaire abstraite n'existe pas, dit *Pollock*, et en réalité il n'y a pas de place pour elle, car elle est, dit-il, renfermée, implicitement dans chaque grammaire systématique de n'importe quelle langue. En effet, ajoute-t-il, l'élève ne pourrait pas, si même elle existait, l'apprendre, tant qu'il n'aurait pas appris la grammaire d'au moins une langue concrète, et dès qu'il aurait appris celle-ci, ayant appris la matière il aurait appris aussi la forme, c'est-à-dire la grammaire abstraite, et par suite il n'aurait pas besoin d'apprendre celle-ci de nouveau, sous une forme séparée. Il en est de même, dit-il encore, de l'anatomie « abstraite » des vertébrés. L'idée d'un type général des vertébrés « qui n'est pas l'image d'un squelette existant, mais le symbole générique d'une certaine disposition et de rapports des parties qu'un squelette spécifique de vertébré renferme et laisse voir » n'est pas une « connaissance ou science nouvelle et distincte », qui serait l' « anatomie abstraite des vertébrés ».

C'est un rapport de même nature qui existe, dit-il, entre la « jurisprudence abstraite » et la jurisprudence « spéciale ». La première est destinée à se mouvoir entre deux alternatives dont aucune n'est satisfaisante. En effet ou bien elle se bornera à faire un « catalogue de formes blanches », en d'autres termes à établir une pure théorie des « classifications juridiques », ou bien elle entreprendra d'expliquer et d'éclaircir les « formes blanches desdites classifications » par le fait qu'elle montrera comment elles sont remplies. Dans le premier cas la jurisprudence abstraite aura des objets, qui méritent d'être discutés, mais qui ne sont pas pour les commerçants, parce que les raisons pour et contre un plan déterminé ne peuvent pas être comprises tant qu'on ne s'est pas familiarisé avec l'objet embrassé dans ce plan, et dès qu'on a atteint cette étape, ladite jurisprudence devient superflue en tant que science à part. Et dans le deuxième cas elle aura une « tendance constante à se glisser dans l'exposé partiel — comparé ou autre — d'un système spécial », ce qui revient à dire

(1) P. 3-5. HOLLAND (Elements of jurisprudence, *op. cit.*, p. 7) compare la « jurisprudence abstraite ou formelle » avec la « grammaire abstraite », science de ces « idées de rapports qui sont, avec plus ou moins de perfection, et souvent de façons très dissemblables, exprimées dans toutes les langues de l'humanité », de même que ladite jurisprudence s'occupe elle aussi des « rapports de l'humanité généralement reconnus ».

qu'elle ne renfermera pas alors un nouveau savoir par rapport à ce système. Il cite comme exemple l'ouvrage de *Holland*, Eléments de la jurisprudence, qui est, dit-il, « trop volumineux ou trop petit, trop long pour un ouvrage sur la forme générale du droit, trop petit pour un ouvrage sur le droit anglais » (1).

Contre la nécessité de l'existence de la « jurisprudence abstraite » *Pollock* invoque aussi cet argument que les philologues n'ont pas pensé à la construction d'une grammaire abstraite, quoique la philologie soit « bien plus riche que la jurisprudence tant par la multiplicité des types réels soumis à l'observation que par le nombre des arrangements systématiques et clairs construits par elle ».

Néanmoins *Pollock* reconnaît qu'en raison de l'absence d'un exposé systématique du droit anglais (v. § 7, II), on a provisoirement besoin de la « jurisprudence abstraite », d'une étude « provisoire » de cette jurisprudence, d'une étude des « idées juridiques sous leur forme la plus abstraite ». Son étude devra en effet d'une part servir de « préparation » à la construction du système du droit anglais. C'est son « but », et dès que ce système aura été créé, elle ne sera plus ni utile ni nécessaire. D'autre part en absence d'un système du droit anglais une « revue générale du domaine du droit positif, avec juste autant d'illustrations qu'il est nécessaire pour rendre compréhensible le droit anglais, peut beaucoup éclaircir les têtes des élèves et produire en elles un juste mécontentement de l'état brut et informe dans lequel les détails de presque chaque matière se trouvent encore » (2). C'est pour cela qu'il a publié lui aussi plus tard son ouvrage, The first book of jurisprudence.

La démonstration de *Pollock* de la superfluité de la « jurisprudence abstraite », et par suite aussi de la philosophie synthétique du droit et des sciences juridiques, nous fait voir seulement que cet auteur anglais ne possède pas la compréhension de la notion d'un système juridique scientifique pas plus que ses prédécesseurs auxquels il reproche d'avoir laissé le droit anglais sans systématisation scientifique. Autrement on ne pourrait pas expliquer comment il peut soutenir que la « jurisprudence abstraite » est renfermée implicitement dans les sciences juridiques spéciales, c'est-à-dire que ses objets sont en même temps les objets de ces sciences. De même sans cette

(1) Essays, *op. cit.*, p. 3-8.
(2) Essays, *op. cit.*, p. 8-9.

absence de compréhension il se serait aperçu lui-même que, si son affirmation était exacte, les parties *générales* des sciences juridiques spéciales particulières seraient-elles aussi superflues ainsi que toutes leurs autres notions inférieures, mais plus générales, appartenant à leur partie spéciale, car en ce cas on pourrait aussi dire pour elles qu'elles sont implicitement renfermées dans les notions de la partie spéciale desdites sciences qui leur sont inférieures.

IX. — Pour ce qui est des auteurs, partisans de l'école analytique qui n'admettent pas la direction juridico-philosophique d'*Austin* et en proposent une autre, l'essai de *Salmond* seul présente un caractère quelque peu original (1).

1. Dans son premier ouvrage « Premiers principes de jurisprudence (The first principles of jurisprudence), paru en 1893, *Salmond* distingue entre la « jurisprudence *matérielle* (material) » et la jurisprudence « formelle (formal jurisprudence) ». La première embrasse toutes les sciences juridiques spéciales. Elle nous dit ce que c'est que le droit (what is law), en d'autres termes son objet c'est « le droit considéré dans ses manifestations positives » (law in its denotation). La deuxième est la science des premiers principes juridiques, à savoir « l'exposé et l'analyse de l'idée complexe du droit et de toutes les autres idées plus simples, dont cette idée complexe est constituée ». Elle nous dit donc ce qu'est le droit comme notion (what law is), en d'autres termes son objet c'est « le droit considéré dans son tout » (law in its connotation) ou « le contenu de l'idée de droit » (the contents of the idea of law). C'est donc seulement avec elle que notre savoir juridique est complet (2).

2. En se rendant compte probablement lui aussi que les notions de la jurisprudence « formelle » possèdent à côté de leur forme aussi leur *matière* (substance), et inversement que les notions de la juris-

---

(1) POLLOCK a essayé de donner quelque chose de différent de la « jurisprudence » d'AUSTIN dans son travail « Premiers principes de jurisprudence » (The first book of jurisprudence). *op. cit.* La jurisprudence est, dit-il, « la science des premiers principes juridiques ou idées ». A en juger par là, elle devrait être une espèce de synthèse juridique suprème, quelque chose comme la théorie générale du droit de MERKEL. En réalité elle n'est cependant par son contenu qu'une espèce d'encyclopédie du droit (v. § 13). — C'est également une espèce d'encyclopédie du droit que l'ouvrage (*op. cit.*) de RATIGNAN, « La science de jurisprudence » (The science of jurisprudence), dans lequel il définit cette science (p. 11) « la science du droit réel ou positif » et lui assigne comme objet : 1° la nature du droit ; 2° la nature et les distinctions fondamentales des droits et devoirs subjectifs ».

(2) V. § 2.

prudence « matérielle » possèdent à côté de leur matière leur *forme*, *Salmond* a rejeté dans son ouvrage postérieur « Jurisprudence » de 1902, dans lequel il a refait le premier, le terme de jurisprudence « formelle ». Il y appelle sa science simplement « *jurisprudence* », mais il ajoute que ce terme dans un sens plus large désigne la somme de toutes les sciences juridiques. Il l'appelle aussi « jurisprudence *abstraite* ou *générale* (abstract or general) ». Elle est, dit-il, « la science des premiers principes du droit positif » (the science of the first principles of the civil law).

3. Par les « premiers principes » il ne faut pas comprendre, dit *Salmond* contre *Austin*, ceux « qui sont *communs* à tous les systèmes juridiques ou à la majorité de ces systèmes ». Le caractère de réception (adoption) générale d'un principe n'est pas, dit-il, suffisant ni nécessaire pour la notion de « premier principe ». Si dans tous les pays la règle par exemple étant appliquée qu'un veuf ne peut se marier avec la sœur de sa première femme décédée, cette règle ne pourrait pas tout de même prétendre à une place dans la « jurisprudence ». Et inversement si dans aucun pays sauf l'Angleterre on ne reconnaissait de force légale au précédent (the legislative efficacy of precedent), la théorie sur le case-law (la jurisprudence ayant force de loi) serait quand même l'objet propre de cette science. Mais tandis que dans son livre précédent *Salmond* avait dit d'une façon précise que par les premiers principes il comprend « l'idée générale du droit et toutes les autres idées qui sont ses parties intégrantes ou sont en liaison nécessaire avec elle », il dit ici qu'il n'est pas possible d' « esquisser » « une ligne nette de division logique » entre ces principes et les autres parties du système juridique (1). Les opinions peuvent, ajoute-t-il, différer « relativement aux objets qui sont susceptibles, en raison de leur généralité ou de leur intérêt théorique ou scientifique, de trouver une place parmi les matières de la jurisprudence abstraite ». Et par les exemples qu'il invoque ici

(1) § 3 (p. 4). — Cette impossibilité de tracer les limites logiquement précises de la jurisprudence ne diminue pas du tout, dit SALMOND *(ib.)*, « les avantages provenant de sa reconnaissance et de son élaboration séparée comme une partie distincte de la science du droit (of juridical science) ». Si même la jurisprudence et les sciences juridiques spéciales (la « jurisprudence pratique ») coïncidaient dans leurs objets, elles resteraient distinctes « dans leurs points de vue, leurs méthodes et leur but », car la « jurisprudence théorique » assigne de la valeur à l' « abstrait et au général plutôt qu'au concret et au spécial » et son but est de « fournir le fondement théorique que la science du droit (the science of law) exige, mais dont l'art du droit (the art of law) ne se préoccupe pas ».

ainsi que dans l'ouvrage précédent pour les « principes généraux », on voit que sa « jurisprudence » est loin de représenter la synthèse juridique suprême, mais qu'elle est bien au contraire, en réalité, une espèce d'encyclopédie du droit (v. § 16).

TABLE DES MATIÈRES

BAR-SUR-SEINE, IMP. SAILLARD. — L. GOUSSARD, SUCC^r

www.ingramcontent.com/pod-product-compliance
Ingram Content Group UK Ltd.
Pitfield, Milton Keynes, MK11 3LW, UK
UKHW020331180726
13839UKWH00002B/641